80 PREGUNTAS Y RESPUESTAS SOBRE LA ALIMENTACIÓN DEL DEPORTISTA

Colección HERAKLES

Denis Riché

80 PREGUNTAS Y RESPUESTAS SOBRE LA ALIMENTACIÓN DEL DEPORTISTA

LAS CUESTIONES MÁS FRECUENTES EN EL EJERCICIO FÍSICO Y EN LA PRÁCTICA DEPORTIVA

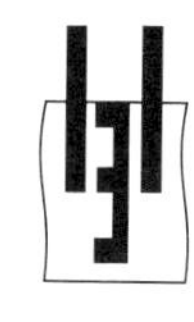

EDITORIAL HISPANO EUROPEA S. A.

Asesor Técnico: **Santos Berrocal**

Título de la edición original: **L'alimentation du sportif en 80 questions.**

© de la traducción: **Fernando Ruiz Gabás.**

Es propiedad, 1998
© **Éditions Vigot.** 23, rue de l'École de Médecine, 75006 París (Francia).

© de la edición en castellano 2000:
Editorial Hispano Europea, S. A.

Autoedición y grafismo: **Augusta Print**
Lluís Millet, 76. 08950 Esplugues de Llob. (Barcelona)

Depósito Legal: B. 18303-2000.

ISBN: 84-255-1341-3.

Editorial Hispano Europea, S. A.
Bori i Fontestà, 6-8 - 08021 Barcelona (España)
Tel.: 93 201 85 00 - 93 201 99 90
Fax: 93 414 26 35
E-mail: hispaneuropea@retemail.es

IMPRESO EN ESPAÑA PRINTED IN SPAIN

LIMPERGRAF, S. L. - Mogoda, 29-31 (Pol. Ind. Can Salvatella) - 08210 Barberà del Vallès

ÍNDICE

Prólogo **7**

1. Equilibrio alimentario **9**

¿Hace adelgazar el deporte? 10
Comer por la mañana 12
Comer frutas y verduras 14
Comer yogures 16
Comer chocolate 18
Comer carne roja 20
Comer congelados 22
Comer marisco 24
Comer fritos 26
Comer regularmente en los restaurantes de comida rápida 28
Las grasas «buenas» 31
Cálculo del «peso de forma» 32

2. Vitaminas, minerales y oligoelementos **35**

Las necesidades de vitaminas del deportista 37
La cura invernal de vitamina C 39
Germen de trigo y levadura de cerveza 41
Alimentación de «alta densidad nutritiva» 43
Las carencias de calcio 45
Las carencias de magnesio al comienzo de la temporada 47
Las carencias de magnesio casi permanentes 49
Comer morcilla para paliar una carencia de hierro 51
Iniciar una cura de hierro tres semanas antes de una competición 53

3. Bebidas **55**

Las aguas minerales 57
Las bebidas vigorizantes 59
Cuando hace mucho calor, ¿agua pura o bebida energética? 61
Las bebidas «isotónicas» 63
¿Es necesario beber en los esfuerzos de menos de una hora? 65
¿Es necesario beber desde el inicio de un esfuerzo? 67
¿Es un riesgo beber demasiado durante el esfuerzo? 69
Beber para compensar las sudaciones abundantes 71
Beber Coca-Cola durante el esfuerzo . 72
Beber alcohol antes del esfuerzo 74
Beber cerveza después del esfuerzo . . 76

4. Alimentación en el curso de la actividad. Competiciones **79**

La última comida antes de una competición 81
La ración de espera 83
La última comida y el medio tiempo de los deportes de equipo 85

Los torneos 87
Las pruebas en momentos imprevisibles 89
Hambre súbita 91
El abastecimiento en una excursión de cicloturismo 93
La jornada de golf 95
La jornada de esquí 97
La excursión por la montaña 99
Beber durante las sesiones de natación 101
Beber durante las sesiones de windsurf 103

5. Regímenes particulares 105

El vegetarianismo 107
La altitud 109
Los deportes en el frío 111
Los deportes cerebrales 113
La alimentación del deportista que trabaja de noche 115
Correr en ayunas 117
Régimen adelgazante y actividad deportiva 119
Atletismo y necesidad de pesar menos 121
¿Qué comer antes de un maratón? . . 123
Culturismo y necesidades de proteínas 125
Pérdida rápida de peso y rendimientos 128
Judokas y pérdida rápida de peso . . . 130
Entrenamiento intensivo sin poder comer 132
La alimentación del velocista 134
La alimentación del maratoniano 136
Las «fiestas de pasta» de los maratonianos y los esquiadores de fondo . . . 138
El Maratón de las Arenas 140
Necesidades nutritivas del niño deportista 142
La comida del niño antes de su actividad deportiva 144

6. Ergógenos y estimulantes . . .147

La dietética contra el dopaje 149
La cafeína y la utilización de las grasas 151
El ginseng contra la fatiga y el estrés . . 153
La L-carnitina 155
La creatina 157

7. Fatiga y patologías 159

Ausencia de hambre después del esfuerzo 161
La «ración de recuperación» 163
Sudor y pérdida de peso 165
Régimen adelgazante y riesgos de enfermedades 167
¿Régimen los días sin actividad deportiva? 169
El dolor de costado 171
Las tendinitis 173
Los calambres 175
La fractura de fatiga 177
Los cálculos renales de los maratonianos 179
Triatlon y problemas digestivos 181
Leche y problemas digestivos 183

PRÓLOGO

La idea de esta obra se nos ocurrió poco a poco, a medida que revisábamos las últimas pruebas de *Guía Nutricional de los deportes de resistencia* y que se multiplicaban las conferencias por las «cuatro esquinas del Hexágono», tal como decía un famoso deportista... Son muchas las preguntas que se suscitan, en función de factores como la evolución de la práctica deportiva, la difusión de la civilización del ocio (propiciada por la semana de 35 horas), el interés de los científicos por ciertas disciplinas y por los competidores o practicantes asiduos, la multitud de jóvenes federados que practican cada vez más en un contexto escolar completamente inadaptado para estas presiones, el aumento del número de personas que trabajan en horarios desfasados, o incluso la sensibilización creciente del público a los beneficios de una actividad moderada y no competitiva (que interesa poco a los autores). Todas estas preguntas requieren una respuesta práctica, sucinta pero elaborada. La curiosidad impulsa al hombre del siglo XXI a tratar de comprender lo que hace y lo que le rodea, y el mundo hipermediatizado donde evoluciona es un estímulo natural para buscar informaciones prácticas, estructuradas y atractivas. Sólo es posible interesarse por una lectura si la misma permite aprender cosas útiles sobre uno mismo. Los objetivos de esta obra, que podría parecer simplista a algunos, han sido reagrupar y ordenar las preguntas más frecuentemente debatidas sobre alimentación, relativas al mayor número posible de deportes, sin soslayar ningún nivel de práctica ni ceñirnos a ninguna limitación por edades. Tenemos la convicción de que corresponde a una necesidad, particularmente por parte de un público que no tiene el tiempo ni los medios para consultar obras complejas y voluminosas. Estamos seguros de que el enfoque interactivo deliberadamente escogido aquí dará lugar, a continuación, a la exposición de nuevas inquietudes de futuros lectores. De cualquier modo, si esta obra le complace, dependerá del lector aportar la consulta que constituirá la base de su próxima versión. Esperando que así sea, ¡buena lectura!

Denis Riché

1

EQUILIBRIO ALIMENTARIO

¿Hace adelgazar el deporte?

«¿Hace adelgazar el deporte?»

De momento, el esfuerzo ocasiona una pérdida de peso que no corresponde más que al volumen de sudor producido y que desaparecerá en cuanto se ingiera la primera bebida o comida. Además, el deporte acentúa frecuentemente el apetito, lo cual compensa los gastos calóricos implicados. Sin embargo, una actividad deportiva regular hace adelgazar a largo plazo, pues desarrolla vías de utilización de las grasas corporales, eleva los gastos calóricos en reposo y mejora globalmente los hábitos alimenticios.

Las pérdidas de agua

Los escasos problemas de peso de los adeptos a los deportes de resistencia y los gastos de calorías causados por una actividad deportiva, justifican *a priori* que se piense que el deporte ayuda a perder peso. Pero, entendámoslo bien: cuando se habla de perder peso de modo duradero, se trata en realidad de librarse de un excedente de masa grasa, y no de observar transitoriamente en la balanza un valor inferior al habitual. Quien hace deporte puede eliminar muy deprisa varios litros de sudor, lo cual hace que baje su peso, aunque no se puede hablar de adelgazamiento, ya que durante las horas siguientes el agua perdida se recuperará por medio de la bebida y los alimentos. La pérdida de peso provocada por la práctica de un deporte no se mide, por tanto, por el volumen de sudor producido, y no se debe considerar que el ejercicio por sí solo es suficiente para hacer perder peso.

Actividad deportiva y apetito

Las relaciones entre la actividad deportiva y el apetito son complejas, y no siempre son propicias al adelgazamiento. En efecto, la práctica regular de actividades físicas puede dar lugar a un aumento del hambre y a una ingestión alimentaria compensatoria, que puede equilibrar perfectamente las pérdidas en los individuos delgados y bien entrenados. Así se sabe que los ciclistas participantes en el Tour de Francia, que gastan de 3 a 4 veces más energía que los individuos poco activos, llegan a adaptar su comportamiento alimenticio de modo que aseguran la estabilidad de su peso. Sin embargo, una sesión muy intensa o efectuada con calor bloqueará la sensación de hambre. Así pues, el deportista en esta situación comerá menos, y controlará mejor su peso.

La actividad física y el acompañamiento ideal de los regímenes

El interés del deporte en el marco de los regímenes adelgazantes se manifiesta a largo plazo, en aquellos que saben tener paciencia. La eficacia del entrenamiento en este plano se sitúa realmente a diversos niveles:

- Desarrolla las vías de utilización de las grasas corporales, lo cual permite librarse más fácilmente de las reservas excedentes.
- Eleva los gastos en reposo, es decir el número de calorías que nuestro cuerpo quema sin hacer nada. Por una parte, los músculos consumen energía incluso en reposo, y lógicamente más cuando son ejercitados. Por otra parte, después de una sesión intensa o prolongada, el organismo del deportista mantiene

transitoriamente un gasto calórico elevado incluso al cesar el ejercicio, al igual que una olla de agua hirviendo cuyo contenido sigue caliente mucho tiempo después de haber apagado el fuego. Al crecer el gasto de calorías, es más fácil la pérdida de peso.

- Por último, un programa regular de actividades físicas, y *a fortiori* la participación en competiciones, desarrollará la sensibilización a las cuestiones de higiene de vida y al interés por una alimentación sana y equilibrada. Con el tiempo, esto va a implicar un mejor control del peso. Al sustituir a ciertos comportamientos «parásitos» de deterioro, el deporte permite un nuevo aprendizaje de hábitos alimenticios, al mismo tiempo que limita el aporte global cotidiano de calorías. En lugar de sentarse delante de la tele con una bolsa de cacahuetes y una bebida alcohólica, quien corre durante 40 minutos al volver de su trabajo contribuirá mejor a su higiene de vida, aun cuando al regreso de su ejercicio coma más.

Por consiguiente, la actividad física constituye un complemento muy bueno a los regímenes, y les confiere oportunidades muy serias de éxito a largo plazo. Sobre todo, permite eliminar numerosos factores de riesgo asociados al sobrepeso y al sedentarismo, ya se trate de estrés, tabaquismo, tasa de colesterol, etc. Por tanto nos parece inseparable de todo régimen armónico.

Comer por la mañana

«Me alimento mal por la mañana y me entreno frecuentemente al mediodía durante la semana. Tengo conciencia de comer muy poco en el desayuno, pero lo compenso en la cena. ¿Es correcta esta manera de proceder?»

¡No! El desayuno debe incluir un mínimo de una fruta, un producto lácteo, cereales, un producto azucarado y una bebida caliente. Un desayuno insuficiente genera una hipoglucemia que afecta al rendimiento deportivo y a la recuperación. A largo plazo, provoca una fatiga crónica e impide la progresión deportiva. La cena no puede compensar estas carencias.

Rendimientos deportivos y recuperación afectados

Según un estudio muy reciente, el 25 % de los adultos de sexo masculino y el 20 % del femenino se contentan con una bebida caliente por todo desayuno cinco veces por semana o menos. Para la mayoría de personas, el aporte energético de esta primera comida se sitúa en 400 kcal para los hombres y menos de 300 para las mujeres, conteniendo menos de 80 g de hidratos de carbono, lo cual es notablemente insuficiente. La importancia de los aportes en hidratos de carbono y en proteínas del desayuno condiciona todo el desarrollo de la jornada: si los aportes son demasiado flojos, disminuyen la vigilancia, la atención y la concentración, debido en parte a una hipoglucemia. El riesgo es aun más pronunciado cuando el tiempo que separa al desayuno de la siguiente comida es demasiado prolongado... o cuando uno se entrena al mediodía, a la hora que los otros comen. La insuficiencia del aporte energético afectará evidentemente al buen desarrollo de las sesiones, pero también a la recuperación posterior, pues el organismo deberá recurrir más a sus reservas en proteínas, y se encontrará más débil. La adopción duradera de tal esquema de vida provocará poco a poco la instauración de un estado de fatiga crónico, e impedirá cualquier progresión deportiva.

Las comidas posteriores no compensan las carencias y hacen ganar peso

Además, enfrentado a un suministro de energía (y especialmente de azúcar) insuficiente, el cerebro desencadenará respuestas correctoras: crecerá la sensación de hambre, y la corredora que se impone una disciplina alimenticia rígida con el objetivo de adelgazar fracasará alrededor de las 16:30 o 17 horas, y sucumbirá al «síndrome de la panadería», que se traduce en la ingestión irreprimible e incontrolable de alimentos ricos en azúcares rápidos («croissants», pastelitos), pero cuyo aporte de vitaminas y minerales no permite satisfacer las necesidades importantes del cuerpo. De este modo, lo que el deportista no ha comido por la mañana (ausencia de frutas, de productos lácteos y de pan, según se constata en el 50 % de los casos) ocasiona déficits nutricionales que la ingestión posterior de «calorías vacías» no compensa.

La llegada de la noche es un momento delicado: la ingestión de azúcares rápidos, que en un primer instante ha satisfecho el hambre y ha hecho subir la glucemia, provoca a más largo plazo (entre 90 y 120 minutos) una hipoglucemia que estimula la sensación de hambre en un momento en que la fabricación de grasas de reserva es máxima. Realmente, los alimentos consumidos en la cena servirán en parte para restaurar las reservas de glucógeno, pero con una composición nutricional equivalente, esta cena favorecerá más la formación de reservas adiposas, de manera que no se ve satisfecha la preocupación esencial de estos deportistas con régimen permanente: el control del peso se efectúa más difícilmente.

Privilegiar el desayuno

La decisión más adecuada consiste, por tanto, en dar preferencia al desayuno, por diversas razones:

- Permite un aporte de hidratos de carbono indispensables tanto para realizar las actividades cotidianas, especialmente las que solicitan al cerebro, como para llevar a cabo correctamente las sesiones de entrenamiento.
- Permite un mejor control de la ingestión alimentaria, evita el consumo «parásito» de productos azucarados, y ayuda a repartir mejor la ingestión alimentaria entre las diferentes comidas. Se logra así devolver a la cena el lugar que le corresponde, el de segunda o tercera comida del día en cuanto a cantidad.
- Permite recuperar un «espacio de libertad»; al mediodía o por la noche, el tiempo dedicado a la comida puede verse disminuido a causa de imprevistos. Se trata además de momentos potencialmente tensos, sobre todo si se come en el lugar de trabajo. Eso no sucede con el desayuno, cuya única molestia es levantarse un poco antes para poder disfrutarlo plenamente. ¿Cuál es su composición ideal y mínima? Una fruta, un producto lácteo, cereales (pan, müesli, arroz, etc.), un producto azucarado y una bebida caliente deberían figurar sistemáticamente. Es fácil darse cuenta de que poca gente sigue este precepto al pie de la letra...

Comer frutas y verduras

«Algunos deportistas presentan tales necesidades calóricas que a veces no pueden ingerir verduras o frutas frescas, ya que son poco interesantes porque sacian y no proporcionan muchos hidratos de carbono. ¿Es posible prescindir de ellas?»

Ciertamente, las frutas y las verduras frescas son pobres en calorías, y por tanto a priori *son poco interesantes para los deportistas que tienen grandes necesidades de hidratos de carbono y proteínas. Pero contienen vitaminas, oligoelementos, fibras y elementos químicos que las hacen irreemplazables.*

Pocos hidratos de carbono y proteínas

¿Para qué sirven las verduras? Pregunta descabellada, pero que se plantean frecuentemente los deportistas cuando se inquietan por la calidad de su alimentación. Comprendámosles: saben que si no comen suficientes hidratos de carbono, o sea pastas, arroz, patatas o pan, no pueden mantener su entrenamiento. Igualmente es bien conocida la importancia de las proteínas: productos lácteos (para evitar las carencias de calcio), carnes (ricas en hierro y en cinc), y huevos, deben figurar también cotidianamente en los menús de los deportistas. Todo aporte insuficiente de una de estas categorías de alimentos repercute rápidamente sobre la forma o el estado de salud: fatiga, recuperación deficiente, déficit inmunitario, reducción del número de glóbulos rojos, y problemas de concentración, afectan a quienes no ingieren bastantes proteínas. El aporte de estos diferentes grupos de comestibles tiene prioridad, por tanto, sobre cualquier otra consideración.

Las cantidades requeridas son a veces muy copiosas. Supongamos el caso de un deportista de 60 kg que se entrena cinco veces por semana. Los cálculos indican que necesita ingerir diariamente entre 360 y 600 g de hidratos de carbono. ¡Le hace falta un buen apetito! Agreguemos un producto lácteo por comida, una o dos porciones diarias de productos animales y nuestro deportista estará recuperado. Ningún problema más para él, excepto quizá el de sobrecargar su conducto digestivo con vegetales, particularmente voluminosos y pobres en calorías: así, 250 g de verduras (judías o bróculi, por ejemplo), o sea un plato bien lleno, proporcionan 70 calorías y 13 g de hidratos de carbono. El mismo peso de pasta proporciona seis veces más glúcidos. Y, evidentemente, si se sirve cantidades demasiado copiosas de verduras al principio de la comida, el deportista corre el riesgo de encontrarse saciado antes de haber satisfecho sus necesidades de calorías. Así pues, ¿puede prescindir de las verduras?

Vitaminas que los comprimidos no pueden sustituir

Muchas personas –incluyendo médicos– reducen el interés nutricional de las verduras y las frutas sólo a las vitaminas, que las contienen en cantidades interesantes, y algunos piensan que ingiriéndolas bajo forma de comprimidos se pueden limitar, e incluso suprimir, las verduras frescas. Esta idea no es de hoy. La medicina aeroespacial ha ideado ya hace varias decenas de años las raciones «sintéticas» que, sobre el papel, aportan todo lo que necesita nuestro cuerpo. Pero eso no funciona... Aparentemente, las verduras verdes y las frutas encierran algo más que las vitaminas contenidas en las preparaciones farmacéuticas, y la sustitución de manzanas y tomates por vitaminas no asegura estar a salvo de carencias. Por tanto, las frutas y las verduras constituyen elementos insustituibles en nuestra dieta.

Fibras, oligoelementos y elementos químicos indispensables

Cada vez aumenta más el interés por ciertos elementos indispensables para nuestro equilibrio, y que aparecen en cantidades ínfimas en nuestro organismo: se trata de oligoelementos tales como el selenio, el silicio, el manganeso y el molibdeno. Se ha descubierto que participan en numerosos procesos fisiológicos, por ejemplo entre otros en el desarrollo de reacciones energéticas, en la cicatrización o en el mantenimiento de los cartílagos. Para algunos de ellos, tales como el silicio o el manganeso, las frutas y las verduras frescas son las mejores fuentes. Además, no es bueno centrarse en la composición de los alimentos considerando cada uno de sus constituyentes de manera aislada, ignorando que existe entre ellos una verdadera simbiosis. Así, la vitamina C de la naranja se asimila mejor en presencia de los diversos constituyentes del cítrico, que figuran en número extremadamente elevado, que cuando se ingiere la misma cantidad bajo forma de comprimido. A este proceso se le designa como «sinergia», lo cual pone de relieve la preeminencia de los alimentos sobre cualquier complemento vitamínico, por muy elaborado que esté.

Además, este enfoque sistematizado de los alimentos ha conducido a descuidar los componentes no nutritivos (ni vitaminas, ni minerales, ni oligoelementos), entidades químicas a veces mal conocidas, a semejanza de los 1.500 ya catalogados en el vino. Los progresos científicos realizados desde hace diez años han señalado las notables virtudes de algunos de estos componentes con nombres peculiares, tales como los «tioles» de las coles, los «licopenos» de los tomates, los «sulfuros de alila» del ajo, el «limoneno» de la naranja. Se ha demostrado su papel protector frente al cáncer. Una alimentación equilibrada debe reservar, por tanto, un lugar preferente a los vegetales, por otra parte ricos en fibras, esos agentes que regulan el tránsito intestinal. Además, a pesar de las necesidades extremadamente elevadas de hidratos de carbono, muy difíciles de satisfacer, los ciclistas participantes en el Tour de Francia no olvidan nunca comer un poco de ensalada, verduras u hortalizas aliñadas en crudo cada noche, sin perjuicio de completar su aporte glucídico con preparaciones energéticas.

Comer yogures

«Soy aficionado a las excursiones por la montaña. Tengo 50 años y mi médico me recomienda, a fin de evitar la osteoporosis, consumir tres yogures al día, limitando en cambio mi ingestión de leche. ¿Qué le parece?»

El médico tiene razón. Para prevenir la fragilización del esqueleto, el organismo necesita calcio. Los yogures se digieren mejor que la leche, la cual puede ocasionar problemas digestivos durante el esfuerzo. Además, los yogures mejoran el tránsito intestinal y previenen las diarreas que se producen en caso de deshidratación después del esfuerzo.

Los yogures y las leches fermentadas *(bifidus)* se digieren mejor que la leche

Los yogures son leche coagulada obtenida por la fermentación láctica ácida causada por la presencia de dos microorganismos particulares, *Lactobacillus bulgaricus* y *Streptococcus thermophilus,* diseminados simultáneamente. Así pues, no se trata simplemente de un derivado de la leche, sino de un alimento dotado de características propias. Desde hace una docena de años se encuentran también diversas variantes, como las denominadas «leches fermentadas», de las que forman parte los productos con *bifidus.*

Los yogures y las leches fermentadas poseen en común una gran ventaja en comparación con la leche: su digestión es más fácil. Esta diferencia, de enormes repercusiones nutritivas, se debe a la presencia de un azúcar particular en la leche: la lactosa, que necesita, para ser digerida, una enzima especial, la «lactasa». Esta última aparece poco después del nacimiento, y su actividad alcanza su valor máximo al cabo de algunos meses de vida. Disminuye seguidamente en el curso de la existencia, para desaparecer casi totalmente a partir de un año, aunque varía según los orígenes geográficos de los sujetos, y hace que algunos sean intolerantes a la leche.

Esta deficiencia en lactasa no constituye una anomalía, sino que es el fruto de una evolución fisiológica programada. En Europa, la frecuencia del déficit crece a medida que se desciende hacia el sur: los déficits afectan al 3 % de la población en Escandinavia y al 70 % en Sicilia.

Así pues, los yogures y las leches fermentadas son bazas preciosas, sobre todo cuando se trata de obtener imperativamente más de un gramo diario de calcio en la dieta, con el fin de prevenir la fragilización del esqueleto (osteoporosis). Las dos cepas bacterianas que siembran los yogures tienen, en efecto, una actividad lactásica que elimina los problemas digestivos de la leche, especialmente en el curso del esfuerzo, durante las competiciones.

Mejoran la asimilación y previenen diarreas e infecciones intestinales

Se reconocen otras virtudes a las leches fermentadas, extremadamente interesantes en el marco de la práctica deportiva: su ingestión mejora la asimilación y permite hacer desaparecer numerosas diarreas. Esta propiedad puede revelarse muy ventajosa en los deportistas que hayan sufrido deshidratación y cuyos intestinos funcionen muy mal. Por otra parte, en el periodo inmediatamente posterior a un esfuerzo violento, la ingestión de yogur puede procurar otro beneficio. En efecto, la fragilidad de la mucosa intestinal coincide con un incremento de susceptibilidad a las infecciones, favorecida por el paso más fácil de los microorganismos. Se ha demostrado que los yogures elaboran sustancias con actividad antibiótica. Las especialidades lácteas con *bifidus* también estimulan la inmunidad. Además ejercen una acción «reconstructora» sobre las células intestinales, por lo cual pueden considerarse alimentos valiosos en la fase de recuperación. Así pues, en la práctica recomendamos sistemáticamente a los adeptos a los deportes de resistencia aumentar su ingestión de yogures y de *bifidus* después de una prueba.

Comer chocolate

«Algunos afirman que el chocolate no es recomendable cuando se hace deporte. No sólo implica el riesgo de engordar, sino también el de atascar el organismo. ¿Qué piensa?»

El deportista puede indudablemente comer chocolate, alimento que es rico en azúcar, en magnesio y en hierro. Pero su fuerte contenido en grasas obliga a consumirlo con moderación, o bien privilegiar por otra parte los alimentos ligeros y evitar, el día en que se coma, la mantequilla, el queso, los huevos y la nata. En dosis razonables, no afecta al organismo.

El fantasma del chocolate-placer sinónimo de pecado

El deporte de alto nivel, con su lado riguroso si no rigorista, y la dietética, con la idea perniciosa de «enfermedad castigo» por los excesos en la mesa, tienen tendencia a ver en el chocolate un placer sinónimo de pecado. Que un ciclista de alto nivel se permita ciertas licencias en algunas fiestas y saboree bombones, hace que algunas personas se cuestionen su integridad profesional, e incluso su aptitud para cumplir su obligación. Sin embargo, cuando rueda 10-12 horas por semana, ¡no debe experimentar ningún remordimiento por saborear algunas pastillas de chocolate después de ciertas sesiones!

Los defensores del chocolate...

Una gran mayoría de personas reconociendo más o menos abiertamente una inclinación por el chocolate, han buscado argumentos para justificar, sobre un terreno inatacable –el de la ciencia–, su atracción. Pero la objetividad no es el punto fuerte de sus argumentos. Se hace referencia así a un efecto «psicoestimulante» y al interés del chocolate en el marco de las actividades intelectuales. En realidad, es principalmente el azúcar contenido en el chocolate lo que explica su efecto cerebral... y el engullir tabletas enteras de chocolate delante de la tele no responde ciertamente a una búsqueda de eficiencia de las actividades mentales. Accesoriamente, se insiste también sobre su riqueza en vitaminas y en minerales. Pero hay que relativizarla con respecto a las porciones consumidas.

Un alimento rico en azúcar, en grasas, en magnesio y en hierro

El chocolate es una mezcla armónica de azúcar y de grasas más o menos digeribles (que le dan ese gusto típico), y que son las que condicionan la discusión dietética sobre el mismo. Un deportista preocupado por mantener su peso de buena forma debe vigilar para no ingerir más de 70-80 g de lípidos al día. Y el que come 100 g de chocolate negro en 24 horas (o sea 54 g de grasas) tendrá bastante dificultad en respetar este límite, pues con una cucharada de aceite, una cucharadita de mantequilla y una porción de queso, ingiere 27 g de grasas suplementarias. Una predilección por el chocolate exige establecer compromisos: bajar el aporte global de grasas gracias a productos lácteos ligeros y a la reducción de la ingestión de mantequilla, queso, huevos y nata. Sin embargo, todo se vuelve más delicado cuando se trata de perder peso. En este caso, la combinación azúcar-lípidos del chocolate constituye un freno, ya que favorece en gran parte la formación de grasas de reserva. En esta situación, es necesario demostrar fuerza de voluntad y excluir el chocolate, incluso el llamado «de régimen», que aún contiene demasiadas grasas.

Sin embargo, el chocolate tiene interés dietético, especialmente debido a su contenido en minerales: una ingestión diaria de 15 g de cacao cubre entre el 10 y el 20 % de las necesidades cotidianas de magnesio, y el 10 % de las de hierro. En realidad no se asimila tan bien como el que proviene de la carne o del hígado, pero si se toma simultáneamente un zumo de fruta las cosas mejoran notablemente.

Los ataques hepáticos y las tendinitis

La presencia de grasas, y más aún la de desechos ácidos como el ácido oxálico, que se relacionan con las patologías hepáticas o tendinosas, ha colocado al chocolate y a sus derivados en el banquillo de los acusados. Pero estos problemas no se presentan más que en caso de consumo verdaderamente abusivo del chocolate, de desorden alimenticio, o de fragilidad del hígado. En este caso, se justifica la supresión temporal o el racionamiento del chocolate. Consumido con moderación –¡todo el problema radica ahí!–, el chocolate no es incompatible con una dietética de alto nivel.

Comer carne roja

«Se oye decir frecuentemente que los deportistas deben evitar la carne roja debido a que deja toxinas en los músculos. ¿Qué opina?»

La carne roja es rica en proteínas y en hierro bien asimilable, y su contenido en grasas, que varía según el tipo de carne, no es tan considerable. Por tanto, es lamentable privarse de este alimento que es beneficioso si se consume con moderación. Sin embargo, su digestión es lenta, puede dejar desechos en la sangre y frena la eliminación del ácido láctico, por lo que es mejor evitar comerla 24 horas antes de una competición y 24 horas después, y reservar su consumo para los días de actividad moderada o de reposo.

Un consumo de carne que se ha multiplicado en cincuenta años

Raras veces la elección de consumir un determinado alimento responde solamente a una preocupación dietética. Intervienen también el sabor y el placer, así como el alcance simbólico del comestible. No hay nada, a este respecto, que tenga una connotación tan marcada como la carne. Así es un testimonio de la ascensión social del individuo o de la familia: el campesino que triunfaba, en el pasado, se convertía en importante cuando comía carne todos los días. En términos de economía, este movimiento se ha reflejado en las estadísticas: de dos veces por semana (de promedio) antes de la segunda guerra mundial, la carne pasó en lo sucesivo a figurar todos los días en nuestros menús, y es el símbolo mismo de la opulencia.

A pesar de las recomendaciones del cuerpo médico a la prudencia, justamente inquieto por esta profunda alteración de nuestros hábitos dietéticos, el francés figura todavía entre el trío de cabeza de los consumidores, con casi 100 kg de carne por habitante y año, lo cual corresponde, como promedio, a una ración diaria de 274 g, o sea casi tres bistecs. Parece increíble: hay que tener en cuenta, no obstante, que se trata de un promedio, lo cual significa que por cada deportista que come buey o cerdo dos veces por semana (o sea, 50 g por día), hay un individuo que ingiere 500 g diarios...

La carne es rica en proteínas, en grasas y en hierro bien asimilable

Cuando se instaura la práctica deportiva como reacción a un modo de vida sedentario y a una mala alimentación, se concibe que ciertos deportistas confundan «reducción» de carne con «supresión». Sin embargo, esta actitud, fundada en un comportamiento teñido de militancia higienista, no es más provechosa que el seguimiento de un régimen hipercarnívoro. Si se realiza un análisis objetivo, la primera característica nutricional de la carne es más bien positiva, ya que se trata de su riqueza en proteínas. Eso explica la imagen de alimento constructor que acompaña a este alimento. Se comprende que, en el pasado, los luchadores hayan podido engullir porciones pantagruélicas de animales, o que los culturistas continúen ingiriendo pechuga de pollo cinco veces al día.

Su elección no deja nada al azar; en efecto, si la mayoría de carnes son válidas por su contenido en proteínas, no puede decirse lo mismo cuando se consideran las grasas. A este respecto, se acusa clásicamente al cerdo o al cordero de aportar contenidos demasiado elevados de grasas, en comparación con el buey o las aves. Lo que constituía una realidad hace 15 años (el menor trozo de cerdo o de cordero aportaba entonces de 15 a 20 g de grasas por cada 100 g, o sea tres o cuatro veces más que una parte equivalente de pollo), debe matizarse actualmente: presentan desde ahora un contenido en grasas reducido a la mitad. Además, es posible reducir las cantidades de lípidos proporcionadas por los otros alimentos: 100 g de pollo y 40 g de queso gruyer aportan tantos lípidos como 100 g de cerdo y un yogur. Aceptando una visión más amplia de las cosas, se pueden variar los menús haciéndolos más diversificados.

Otra ventaja de la carne es su riqueza en hierro bien asimilable. Recordemos que éste puede existir bajo dos formas: la que se presenta en estado de sal (citrato o sulfato de hierro, por ejemplo), como es esencialmente el caso de los vegetales, y la contenida en la hemoglobina (la sangre), propia de las carnes animales, y cuya asimilación es particularmente buena. Las carnes, los menudos, los pescados o los mariscos, son ricos en hierro, y lo presentan en un entorno propicio a su asimilación.

Consumir la carne los días de reposo para aprovechar sus efectos beneficiosos

A pesar de esto, son muchos los deportistas que, seguros de que la carne rebosa «toxinas», rehúsan este alimento. No hay que alarmarse. Realmente, el abuso de carnes animales puede ocasionar la elevación de la tasa en sangre de ciertos desechos, tales como el ácido úrico o el amoniaco, los cuales se acumulan precisamente en caso de esfuerzos intensos o prolongados. Se sabe también que la presencia en las carnes de ciertos derivados ácidos frena la eliminación del ácido láctico. Esto no significa que sea necesario proscribir la ternera o el buey. Más sencillamente, parece lógico evitar comerlos 24 horas antes de un esfuerzo intenso o de una competición, y dentro de las primeras 24 horas de recuperación, con el fin de no perturbar la capacidad de los tejidos para neutralizar el ácido formado y restaurar su equilibrio químico.

Además, la carne tarda en digerirse: ciertos trozos, sobre todo preparados con salsa, tardan más de 8 horas en abandonar el estómago; si come estofado de buey al mediodía y debe efectuar un entrenamiento violento a las 18 horas, experimentará realmente náuseas ante el esfuerzo; con ocasión de una carrera, el trozo de carne soportará mejor la permanencia limitada en su estómago. Por fin, en caso de un entrenamiento regular, especialmente los días de sesiones intensivas, la velocidad del tránsito (es decir, el tiempo que tardan los alimentos en atravesar el tubo digestivo) se acelera; de este modo, los componentes de la ración se asimilan menos bien. Por tanto, el hierro contenido en la carne se fijará peor. Inversamente, los días de reposo o de trabajo moderado, el tránsito se realiza a una velocidad «normal», y la asimilación es mejor. Al comer carne los días de reposo, prevendrá los riesgos de anemia.

Última ventaja reconocida al consumo de carne: se ha constatado que los deportistas que la consumen regularmente (con moderación), a razón de 400 g por semana, tienen una tasa media de testosterona (la hormona masculina implicada en la recuperación y la reconstrucción de los tejidos lesionados) superior a la de los vegetarianos. Esta observación es válida para los representantes de los dos sexos. Así pues, con el tiempo, prescindir de la carne debilita su organismo. En consecuencia, un régimen omnívoro razonable es el más seguro para garantizar un buen equilibrio fisiológico.

Comer congelados

«Por falta de tiempo, numerosos deportistas recurren a los congelados para elaborar sus comidas. ¿Es compatible esto con la práctica del deporte?»

La congelación conserva notablemente bien el valor nutritivo de los alimentos, pero ciertas pérdidas son inevitables, especialmente en vitaminas y minerales. Por tanto, es preferible comer, además del plato congelado, productos frescos ricos en vitaminas y oligoelementos y poco energéticos.

La congelación y las pérdidas en vitaminas y minerales

En los medios científicos, se considera que la congelación constituye una de las mejores técnicas de conservación. Es una de las que mejor conservan el valor nutritivo y la calidad organoléptica (sabor y olor) de los alimentos, y una de las más sanas para el consumidor. Sin embargo, es preciso matizar esta visión idílica: existen grandes divergencias en los resultados de un estudio a otro.

Algunos confirman el valor de los congelados, mientras que otros, por el contrario, cuestionan en parte el interés de la congelación. Estas contradicciones se explican: el valor nutritivo de los alimentos considerados puede revelar muy bien fuertes disparidades antes de la etapa de congelación. La fecha de la recolección, la madurez de los vegetales, las condiciones y la duración del almacenaje, los recortes eventuales (por ejemplo para una macedonia congelada), además de la forma de descongelación y de cocción de estos comestibles pueden tener sensibles repercusiones sobre los resultados finales.

Además, la congelación consiste en una serie de operaciones, cada una de las cuales es susceptible de alterar el valor nutritivo de los productos. Así, ciertas vitaminas se degradan en las primeras etapas, y la mayoría de los componentes (minerales, vitaminas, oligoelementos, aromas, azúcares solubles) abandonan al vegetal cuando se le cuece en agua, salvo si se sala mucho. Esto representa pérdidas difícilmente evitables y susceptibles de disminuir del 10 al 30 % su contenido en el producto obtenido. Por ejemplo, si en la mayoría de las frutas y verduras, las pérdidas de vitamina C a una temperatura de 18 °C son débiles, pueden duplicarse o triplicarse a –10 °C, y si el almacenaje aún es más largo, las pérdidas todavía son mayores. Esto se contradice con una idea corrientemente admitida, según la cual el frío permite una gran estabilidad en la composición de los productos.

Combinar los congelados con alimentos de fuerte contenido en vitaminas y minerales

El consumidor no se expone, sin embargo, a carencias. Nadie se nutre exclusivamente de congelados, y hay que preguntarse cuál es la incidencia real de estos productos sobre nuestro equilibrio alimentario. La ingestión cotidiana de congelados, por ejemplo de una porción de proteínas (carne, pescados, marisco) y de una parte de verduras, puede considerarse perfectamente sin la menor carencia asociada, a condición de combinarlos con comestibles dotados de alta «densidad nutritiva», es decir que aporten muchas vitaminas y minerales y poca energía, tales como el germen de trigo, la levadura de cerveza, los cítricos y frutas frescas, y los productos lácteos. Esta diversificación permite obtener el máximo provecho de la utilización de los congelados.

¿Es mejor comer conservas, congelados o productos frescos?

Es necesario tener en cuenta la incidencia del conjunto de etapas y de procesos de preparación, artesanos o industriales. En general, todos los procesos de conservación alteran de un modo u otro el valor nutritivo de los alimentos, y el desarrollo de los congelados no representa al respecto ni un progreso ni un retroceso en comparación con las conservas. Sin embargo, hay que reconocer que en el caso de la carne, la conservación por el frío constituye un innegable progreso: garantiza una total inocuidad higiénica, característica particularmente apreciable en el caso de los animales marinos. Los pescados congelados en alta mar en el propio barco presentan total seguridad... a condición evidentemente de que luego se respete la cadena del frío. En caso contrario, la ingestión de congelados se convierte en una verdadera bomba de relojería, sobre todo en el caso de productos descongelados y vueltos a congelar, encadenamiento de situaciones muy propicias para la proliferación bacteriana. No obstante, este género de incidentes es más resultado de un error de manipulación que de una tecnología inapropiada, y no implica una objeción al interés de esta técnica.

Por otra parte, los congelados permiten también mejorar los menús corrientes. Preparar en la buena temporada zumos de tomates, champiñones en lonchas o finas hierbas, permitirá a continuación componer platos de pastas muy originales, frescos y en un tiempo récord. No hablemos ya de los guisos «caseros», congelados en pleno verano, y servidos con guarnición de tortitas de harina al regreso de un ciclo-cross disputado sobre el barro. Los congelados constituyen un auténtico progreso para aquellos que tienen la preocupación de equilibrar su alimentación.

Comer marisco

«Practico el ciclismo de competición y me han desaconsejado comer marisco, que me gusta mucho. ¿Está esto justificado?»

El marisco es un alimento notable: contiene tantas proteínas como la carne, aunque está prácticamente desprovisto de grasas, y su riqueza en minerales y oligoelementos es excepcional. Pero basta con un solo marisco que no esté fresco para provocar una gastroenteritis... Una cocción con agua hervida permite consumir sin riesgo estos alimentos perfectamente adaptados a los deportistas.

Alimentos muy ricos en proteínas y muy pobres en lípidos

Los dietistas clasifican a los mariscos entre los «equivalentes» a la carne, debido a ciertas características nutritivas comunes. Así, 100 g de carne (buey, ternera, cordero), de ave o de pescado proporcionan 20 g de proteínas de buena calidad, es decir que los aminoácidos que las constituyen se aproximan a los contenidos correspondientes a nuestras necesidades. Los mariscos también están dotados de una riqueza en proteínas interesante, aunque eso se ignora frecuentemente, con una tasa muy próxima a la de la carne (20 %). Dicha tasa de proteínas no es constante, y varía según la familia. Así es superior en los crustáceos (cangrejo de mar, bogavante, gamba, en los cuales alcanza el 20 %) en comparación con los moluscos (10-12 %), con excepción de la sepia o la vieira. Por el contrario, y en esto se clasifican al mismo nivel que los pescados más magros, llevan muy pocos lípidos, cuya tasa no excede nunca del 2 %. Éste es particularmente el caso de las ostras, incluidas las calificadas como «grasas», cuyo calificativo se refiere más a la textura y al aspecto que a la composición nutritiva.

Proporción excepcional de minerales y de oligoelementos

Gracias a esta riqueza en proteínas y a esta pobreza en grasas, los mariscos alimentan igual o más que un solomillo, y proporcionan más minerales y oligoelementos que éste. Es una ventaja real para quienes limitan las calorías o cuya satisfacción de las necesidades energéticas impondría, con una alimentación corriente, la ingestión de porciones dignas de Gargantúa. Esta particularidad interesa en grado sumo a los deportistas: minerales como el hierro o el magnesio y oligoelementos como el cobre o el cinc, cuyos déficits afectan a una gran mayoría, aparecen en tasas muy elevadas en ciertas variedades.

Debe saberse, por ejemplo, que 100 g de moluscos (considerando sólo la parte comestible) aportan más de 400 mg de magnesio, o sea precisamente la cantidad que necesitamos en una jornada. Otro ejemplo: 100 g de ostras (5 grandes) aportan de 7 a 8 mg de cinc, o sea alrededor de dos tercios de nuestras necesidades diarias de este elemento. 100 g de vieiras proporcionan 10 mg de cobre, o sea el triple de lo que necesitamos cada día. Y 100 g de carne cocida de berberechos aportan 26 mg de hierro, o sea tanto como lo que un maratoniano consume en dos días, y nadie duda que comiéndolos una vez por semana se reduce singularmente su riesgo de déficit.

Los riesgos de los mariscos

La ignorancia de estas virtudes nutritivas, ¿es suficiente para explicar la verdadera falta de entusiasmo en algunos países hacia los mariscos? Con la posibilidad de utilizar conservas o congelados, el obstáculo de la incomodidad ya no existe y, a pesar del precio de estos comestibles, que en algunos casos sobrepasa al de la carne, su aceptación debería ser mayor. Quizás influye al respecto el temor de la contaminación. Todo el mundo sabe que en periodo de fiestas, la demanda excesiva (la cuarta parte del consumo de ostras tiene lugar entre Navidad y Año Nuevo) hace aumentar los riesgos de intoxicación alimenticia, ya que los mariscos son terreno particularmente abonado para las bacterias. Es imprescindible respetar las reglas higiénicas, pero basta con una concha en mal estado para desencadenar una gastroenteritis, amenaza suficiente para disuadir a cualquier deportista del consumo de marisco fresco durante los 7 días anteriores a una competición, tal como le han aconsejado al consultante. Es evidente que el consumo de mariscos en verano, cerca de las localidades turísticas, constituye una actividad de alto riesgo... que se debe evitar absolutamente. La cocción llegando a la ebullición elimina todo problema. Hay que salar mucho el agua para limitar la fuga de minerales. Por el contrario, calentados a 60-70 °C, como cuando se prepara la paella, los mariscos no adecuados para el consumo conservan toda su virulencia. En la vuelta ciclista, se rechaza sistemáticamente este plato cuando figura en los menús nocturnos de cada etapa, por temor a que algún molusco pueda causar un problema gastrointestinal.

Se sabe también que existen riesgos de reacción alérgica provocada por la ingestión de marisco. Provienen de la presencia de un componente particular emparentado con los aminoácidos, la «tiramina», que figura en la carne de los crustáceos, y al cual numerosas personas presentan una gran sensibilidad. Los individuos víctimas de tal alergia deben haber eliminado de su dieta, desde hace tiempo, al marisco responsable.

Por el contrario, la posibilidad de que estos animales marinos concentren tóxicos es una realidad. No sólo pueden acumular hidrocarburos, lo cual no es dramático dado que el fuel-oil deja un olor característico, sino también metales pesados (plomo, mercurio, cadmio), indetectables. La amenaza culmina con los animales pescados en zonas polucionadas, costeras o próximas a centros industriales.

Comer fritos

«¿Puede un deportista comer fritos, alimentos que tienen fama de ser muy grasos y de favorecer el aumento de peso?»

Los fritos, muy ricos en grasa, pobres en minerales y vitaminas y de digestión lenta, no son recomendables para un deportista, sobre todo ante la proximidad de una prueba. Pero consumidos en pequeña cantidad una vez al mes, no causan perjuicio alguno, sobre todo si se les acompaña con ensalada y pescado, y no se ingiere queso en la misma comida.

Un alimento muy rico en grasa «mala»

Desde el punto de vista dietético, los fritos se distinguen por diversas características que les hacen gozar, según los profesionales de la salud, de una imagen poco halagüeña, y reciben críticas sumamente duras, como si los dietistas quisieran enmendarse de la atracción que experimentaron en su juventud por este alimento. ¿Qué se les reprocha? Los fritos y las frituras en general se caracterizan por la cocción en un baño de aceite, y evidentemente el aporte de grasas que resulta llega a ser significativo. De 0 g por 100 g de una patata hervida en agua (¡antes de añadirle mantequilla!), su contenido en lípidos pasa a 10 o incluso 15 g por 100 g si se fríe. No obstante, si se escurre bien el producto desde su salida de la freidora, o si se utilizan fritos precocidos pasados por el microondas (¿deben seguir llamándose fritos?), el contenido en lípidos es inferior.

Por otra parte, la adición de salsa (mayonesa), tal como se practica corrientemente en los restaurantes de comida rápida, o el consumo simultáneo de carnes grasas (ciertos trozos de buey) o peor todavía el de salchichas, va a elevar notablemente la riqueza en grasas de su ración. A la inversa, si antes se toma una ensalada, se les acompaña de pescado (cocido al vapor) y no se ingiere queso en la misma comida, el aporte en grasas permanece razonable, sobre todo si se limita a cantidades pequeñas (100 g como máximo).

Con todo, el contenido en lípidos no es el único aspecto que juega desfavorablemente. Aun más, es la naturaleza y el tratamiento sufrido por las grasas lo que explica el porqué los fritos son puestos en la picota. No todos los aceites están adaptados para la cocción. El cuerpo graso retenido debe contener un predominio de grasas saturadas, según el ejemplo de la vegetalina, sólida a temperatura ambiente, lo cual minimiza el riesgo de formación de derivados nefastos. Pero por otra parte, se trata de la familia de lípidos más implicada en las enfermedades cardiovasculares...

Calorías «vacías»

Desprovistos además de minerales (aparte del sodio, que aparece con una tasa excesiva en este plato) y empobrecidos en vitaminas (que no soportan el tratamiento sufrido en su preparación), los fritos presentan una «densidad nutritiva» muy floja o, como señalan a veces los dietistas, entregan «calorías vacías». Esto significa que sacian antes de haber entregado la cuota de sustancias de mantenimiento (vitaminas y minerales) que requieren nuestros tejidos. Por otra parte, las necesidades de la mayoría de estas sustancias son mayores en los deportistas. Por tanto, una ingestión demasiado frecuente de fritos favorece que sobrevenga de un desequilibrio alimentario. Sin embargo, no se trata realmente de los únicos comestibles que presentan este inconveniente.

No más de una vez al mes y a distancia de las pruebas

La verdadera cuestión que se plantea es saber, teniendo en cuenta estos defectos, cuál es el momento ideal para comerlos, en qué cantidades y con qué frecuencia. El profesor Creff, que fue el primero que intentó regular la alimentación de los deportistas, señaló hace 30 años que una fritura por semana no causaba perjuicio alguno al deportista. Desde entonces las cosas han evolucionado, y han aumentado las obligaciones del entrenamiento. También ha cambiado la frecuencia de las competiciones, y es evidente que en la proximidad de una prueba no es un alimento recomendable, por una parte porque esta elección no permite en general ingerir los hidratos de carbono necesarios en cantidad suficiente, y por otra porque la demora impuesta por la digestión de los fritos puede sobrepasar las ocho horas, lo cual hace incompatible el consumo con la cercanía de una carrera o de un esfuerzo intensivo.

Quien trate de perder peso, deberá también prescindir de los fritos, ya que este alimento es difícilmente compatible con un régimen. Por el contrario, quien no tenga esta preocupación y no tenga que participar en una competición los próximos días podrá permitirse este pequeño placer sin contrariedad. Esto será una excepción, y a razón de una porción de fritos por mes, no se producirá perjuicio alguno. Atención, sin embargo, si los degusta fuera de casa, ya que hay que elegir un establecimiento que presente todas las garantías de higiene y de calidad. Muchas freidurías ambulantes han sido sancionadas por vender productos demasiado ricos en derivados tóxicos. En realidad, nada es tan bueno como lo que se prepara y consume en casa, donde se pueden controlar todas las operaciones, desde la elección de las patatas hasta la del plato...

Comer regularmente en los restaurantes de comida rápida

«Comer regularmente en los restaurantes de comida rápida, ¿es tan nefasto como se oye decir a veces?»

Las comidas servidas en esos restaurantes, denominados internacionalmente «fast-foods», son ricas en ácidos grasos saturados y pobres en vitaminas, minerales y oligoelementos. No están equilibradas, engordan y son difíciles de digerir. Así pues, comer regularmente es nocivo: este tipo de comida debe ser excepcional y su consumo ha de efectuarse no estando próximas competiciones importantes.

Comidas no variadas que son nefastas para el equilibrio alimentario

Incluso la compañía McDonald's no lo niega: lo que caracteriza a los menús que sirve es, en primer lugar, su monotonía.

En el fondo, el impacto de la carta uniforme, constante en todas las latitudes, se revela negativo. En el curso de un coloquio reciente, diversos especialistas se mostraban alarmados ante una evolución más bien preocupante.

En efecto, nuestro modelo alimentario relativamente sano, que ha tardado siglos en constituirse, sufre una mutación hacia otro modelo directamente inspirado en hábitos norteamericanos. A causa de ello se ha roto el equilibrio nutritivo, evolución claramente atribuible a la proliferación de fast-foods en nuestro país. Por otra parte se les achaca la responsabilidad de la evolución morfológica desfavorable de los jóvenes en Europa, cuyo peso medio ha aumentado desde hace 10 años.

Ácidos grasos saturados que engordan

La expansión creciente de los fast-foods va acompañada de un consumo inmoderado de productos animales, que suministran desde ahora el 40 % del aporte energético de los europeos. Estas cifras rompen completamente con las de hace unos años. Además, la cantidad de lípidos ingeridos aumenta más deprisa que el aporte calórico total, y la proporción de ácidos grasos saturados, juzgados nefastos en el plano cardiovascular, se eleva de modo aún más pronunciado. La riqueza en grasas (20 %) de los trozos de buey utilizados en las hamburguesas participa activamente en este proceso. Por tanto, si se frecuentan regularmente los restaurantes de comida rápida, ¡nuestros niños engordarán poco a poco!

La composición de los productos que ofrece McDonald's –cifras dadas por la propia firma– no puede disimular esta política de engorde (ver tabla de la página siguiente). Veamos el caso de un deportista joven que, hambriento después de una larga mañana de estudios, se dirige al McDonald's más próximo para ingerir el siguiente menú: hamburguesa con queso, patatas fritas, ensalada verde y vinagreta ligera, batido de vainilla y tarta de manzana. Véase en la página siguiente el análisis nutritivo de esta comida.

Estas cifras revelan una fuerte proporción de lípidos. No hemos escogido los peores representantes de la carta, para no caer en una caricatura teñida de mala fe. A pesar de ello, es

Proteínas	Lípidos	Carbohidratos	Calorías
46,4 g	80,3 g	165,8 g	1.571,5 kcal
11,8 % de las calorías	46 % de las calorías	42,2 % de las calorías	

obligado constatar que, incluso colocándose a la escala de la jornada y no de la sola comida, será delicado restituir un buen equilibrio alimentario después de tal comida, la cual proporciona sólo el 50 % de las necesidades energéticas cotidianas teóricas, lo que es evidentemente exagerado y favorece, con el tiempo, el aumento de peso.

Aporte en lípidos de los menús McDonald's

Productos	Calorías	Lípidos	% de calorías lipídicas
Hamburguesa (102 g)	254	9,6 g	34 %
Hamburguesa con queso (115 g)	296	12,7 g	39 %
Doble de queso (158 g)	401	20,5 g	46 %
Real (180 g)	442	21,6 g	44 %
Real de queso (210 g)	551	30,6 g	53 %
Big Mac (204 g)	532	31 g	52,4 %
Chicken McNuggets (9 g)	561	32,4 g	52 %
Patatas fritas (136 g)	444	25,2 g	51 %
Batido de vainilla (290 g)	338	9,6 g	26 %
Tarta de manzana (85 g)	235	12,8 g	49 %

Carencias de vitaminas, minerales y oligoelementos

En el plano mineral, la tabla no es mucho más favorable. En efecto, la utilización de harinas muy refinadas para la elaboración del pan, las débiles porciones de vegetales frescos, la abundancia de grasas ocultas y de azúcar añadido contribuyen a lo que subrayan los estudios sobre la alimentación de los deportistas de ambos sexos en los Estados Unidos, a saber que la cobertura de las necesidades de minerales y oligoelementos se manifiesta muy delicada, aún más que en Europa. Los déficits conciernen evidentemente al magnesio, al cinc, al hierro, pero afectan igualmente a elementos íntimamente ligados a algunos procesos metabólicos, tales como el cromo o el cobre. ¿Con qué consecuencias? Esta carencia ocasiona anomalías del metabolismo de los hidratos de carbono y de los lípidos. El resultado es un aumento de masa grasa, episodios más frecuentes de hipoglucemia y un incremento de masa magra más difícil. En el plano vitamínico, el balance no es mucho más brillante, se producirán con toda seguridad déficits en vitamina B_1, C o B_6 si los americanos no se dedicasen masivamente a la moda de los suplementos por todas partes, especialmente en el medio deportivo.

En este contexto, pocas razones hay para apoyar que se frecuenten los McDonald's cuando se quiere adoptar una dietética de alto nivel. Especialmente antes de una competición, se trata de una de las decisiones más peligrosas, en particular por la insuficiencia del aporte de hidratos de carbono: ¡aún está por llegar el día en que se pueda comer arroz o pastas en los McDonald's! Ingerir una hamburguesa al mediodía y disputar una competición tres horas más tarde predispone con toda seguridad a un rendimiento negativo, teniendo en cuenta la duración media de la digestión de los alimentos que componen estos menús. Por tanto, hay que frecuentar estos establecimientos de modo excepcional, y hacerlo a distancia de las competiciones importantes.

Las grasas «buenas»

«He leído que ciertas grasas, especialmente las que se encuentran en la carne de pescado, pueden ser beneficiosas para el deportista. ¿Es cierto?»

Absolutamente cierto: la ingestión de ácidos grasos esenciales, que son indispensables dado que nuestros tejidos no saben fabricarlos, es beneficiosa para el deportista en el plano inmunitario, pues mejora su resistencia.

Estas grasas están contenidas en los pescados azules (atún, caballa, salmón, anchoas) y en el aceite de lino, de soja, de avellana y de nuez. Con 15 g al día de aceite de este tipo y dos porciones por semana de pescado azul, el deportista aprovecha plenamente sus beneficios.

Ácidos grasos esenciales que el organismo es incapaz de producir

Hace quince o veinte años, los dietistas aconsejaban a los deportistas restringir seriamente el consumo de grasas bajo cualesquiera de sus formas y orígenes.

Al hacerlo, no consideraban más que el aspecto cuantitativo de estos nutrientes, no teniendo en cuenta las particularidades específicas de las diferentes familias de lípidos. Este enfoque soslayaba el papel «plástico» o «constructor» de algunos de ellos. Desde entonces se ha estudiado más el valor nutritivo de ciertas grasas, especialmente los «ácidos grasos esenciales», indispensables para nuestro organismo, ya que nuestros tejidos no pueden fabricarlos, lo cual nos hace depender totalmente de nuestra alimentación para satisfacer estas necesidades.

Grasas beneficiosas para el sistema inmunitario

Actualmente las dos familias de grasas que engloban a estos ácidos grasos esenciales han sido totalmente rehabilitadas. Una de ellas está particularmente bien representada en los pescados azules, mientras que la otra abunda más en los aceites de ciertos vegetales, como la soja y las nueces. El interés atribuido a estas grasas dentro del marco de la nutrición del deportista es bastante reciente, y halla su justificación en un campo al cual se concede creciente atención desde hace un decenio: el sistema inmunitario.

En efecto, se sabe que el entrenamiento intensivo puede ocasionar perturbaciones que participan del incremento de sensibilidad de los deportistas a las infecciones. Simultáneamente se ha descubierto que numerosos constituyentes de la ración podían jugar también un rol moderador con respecto a las defensas del organismo, y ha llegado a ser tentador para los deportistas muy solicitados en su preparación interesarse por el posible papel protector de ciertos nutrientes.

Entre ellos, las grasas de pescado ocupan un lugar preferente, debido a las múltiples acciones que realizan sobre el sistema inmunitario. Se ha demostrado también el rol protector de los ácidos grasos esenciales: cuantos más ingiere el deportista, mejor «aguanta» su entrenamiento. Las cantidades exactas que se requieren están pendientes de evaluación, pero, en el estado actual de nuestros conocimientos, es muy verosímil que 15 g diarios de aceites vegetales de buena calidad (lino, soja, avellana, nuez) y dos porciones semanales de pescado azul (atún, caballa, salmón, anchoas, etc.) sean suficientes para proporcionar este incremento necesario para la protección.

Cálculo del «peso de forma»

«¿Cómo se calcula el "peso de forma"?»

En su «peso de forma», el deportista está en el punto óptimo de su rendimiento y de su recuperación, aplaca su hambre y no se queda con apetito. Para calcularlo, pésese antes y después del esfuerzo y determine la estrecha horquilla de peso en cuyo seno son mejores sus resultados. Una vez alcanzado su peso de forma, vigile para no sobrepasarlo, y sobre todo para no descender por debajo.

Qué es el peso de forma

La noción de «peso de forma» es una de las más empleadas por los deportistas, especialmente en las disciplinas de resistencia, donde se trata de una preocupación a veces exagerada, en particular por parte de las mujeres de buen nivel. Por otra parte, el equilibrio constituye frecuentemente para algunos un adversario más temible que los otros participantes. El «peso de forma» del deportista corresponde a un conjunto de criterios determinantes, y no es necesario centrarse únicamente en los rendimientos de larga duración. Así, los resultados en carrera y la recuperación deben hallarse en su punto óptimo, el atleta debe comer satisfaciendo su hambre sin presentar compulsiones alimentarias. En resumen, se trata del peso con el cual todo funciona mejor. No tiene nada que ver con el peso más bajo registrado un día, de manera aislada y al término de una prueba o de un esfuerzo de larga duración. Por ejemplo, el ciclista que concluye el Tour de Francia con una buena clasificación, no debe realmente tomar el peso de ese último día como referencia. Por lo general, ligeramente deshidratado, con reservas adiposas disminuidas (5 al 7 % del peso corporal) y adelgazado por la pérdida más o menos sensible de masa magra, se sitúa por debajo de este umbral limitador. No podría evolucionar de modo duradero en este estado, corriendo el riesgo de lesionarse o de caer enfermo.

Peso de forma y rendimiento

Así pues, el «peso de forma», en nuestra opinión, no traduce solamente los rendimientos que se obtienen, sino que refleja una situación «óptima» para el conjunto de funciones fisiológicas. Hay que precisar lo siguiente: demasiados deportistas, considerando que los resultados están directamente relacionados con el peso, intentan prepararse siempre más. Si se pide a un deportista que controle su peso después de ciertas sesiones y al término de cada prueba, y esto durante varios meses, se puede trazar una curva que reflejará la relación existente entre el peso y el rendimiento. Y, contrariamente a lo que muchos imaginan, el resultado obtenido no será una recta, sino más bien una curva en forma de «U» invertida. La parte derecha de la curva, que indica una bajada de la competitividad del deportista que ha ganado peso, no sorprende a nadie: todos saben que cada kilogramo de más representa, en muchas disciplinas, un peso muerto que es necesario desplazar en cada zancada o en cada vuelta de pedal. El aspecto de la parte izquierda de la curva desconcertará todavía más. Es más difícil comprender, en efecto, que la delgadez excesiva pueda perjudicar en vez de beneficiar. Un déficit de 1 o 2 kg con relación al peso de forma puede implicar un estado aún peor que el debido a un exceso. A título de ilustración, recuerde que un ciclista que presente 1 o 2 kg de más puede tener éxito en seguir a los mejores en ciertas condiciones. Incluso si es un poco astuto, conseguirá ganar. Por el contrario, quien ha perdido de 1 a 1,5 kg, especialmente en las carreras por etapas, es muy probable que se quede atrás ante las primeras dificultades y que incluso tenga que ser recogido por el coche escoba.

Cómo determinar su peso de forma

En la práctica, si desea conocer su «peso de forma», proceda del modo siguiente: verifique su peso antes y después de las competiciones, anote sus sensaciones antes y después, y también si come saciando su hambre o si se queda hambriento. Haga una síntesis de todo esto y constatará que hay un estrecho margen de valores dentro de los cuales ha conseguido buenos rendimientos. Con esta «horquilla», le faltará poco para conocer su peso de forma. La opinión de su pareja también llevará el agua a su molino: en efecto, un individuo demasiado delgado o poco alimentado presenta cambios de humor que él no percibe... pero sí su entorno próximo.

2

VITAMINAS, MINERALES Y OLIGOELEMENTOS

Las necesidades de vitaminas del deportista

«¿Necesita el deportista más vitaminas que una persona menos activa?»

El deportista tiene frecuentemente déficits de vitaminas a causa de la dieta o de un gasto calórico demasiado importante. Por tanto, le interesa aumentar su aporte vitamínico, sobre todo de vitamina C y E, que favorecen la recuperación. Pero si el deportista come suficientes alimentos ricos en vitaminas, los complementos vitamínicos no le aportarán nada, tanto más cuanto ciertas vitaminas son tóxicas a dosis altas.

¿Qué son las vitaminas?

El término «vitaminas» se relaciona con una imagen de «sustancia milagrosa», dotada de virtudes extraordinarias a los ojos del público. Los laboratorios de preparaciones vitamínicas juegan, por otra parte, con esta imagen mítica para estimular al consumidor a recurrir a ellas de manera casi sistemática. Muchas personas siguen sin dudar esta moda, aun cuando lo ignoren todo sobre las vitaminas. Se trata de sustancias que nuestro organismo no puede fabricar, lo cual explica que se las califique de compuestos «esenciales» o «indispensables». Existen 13 diferentes, agrupadas en dos grandes familias en función de sus características químicas. Las vitaminas colaboran en múltiples reacciones químicas en el seno de nuestros tejidos, y el buen desarrollo de estos procesos requiere su presencia en tasas óptimas en ellos. Esta presencia depende exclusivamente de los aportes alimentarios, y la cobertura de las necesidades en vitaminas no está forzosamente asegurada por lo que se come.

Complementos vitamínicos para paliar las carencias

Dentro de este contexto, la ingestión de preparaciones vitaminadas, procedimiento que se denomina «suministro de suplementos», permite colmar las carencias. En efecto, por razones diversas –régimen severo, dieta, gasto calórico demasiado importante–, una gran parte de la población deportiva parece presentar déficits vitamínicos. El suministro de suplementos les ofrece un interés innegable, ya que permite corregir esta anomalía, lo cual se traduce, en el plano deportivo, en la posibilidad de lograr rendimientos óptimos y recuperarse de manera ideal. Por el contrario, en ausencia de todo déficit, un aporte masivo de vitaminas no ejerce ninguna influencia beneficiosa. Dicho de otro modo, las vitaminas no mejoran los rendimientos por sí mismas.

Necesidades específicas de vitaminas C y E

Algunas de estas sustancias, como la vitamina C o la vitamina E, poseen propiedades antioxidantes. Esto significa que estos compuestos participan en la neutralización de los tóxicos producidos al acelerarse las reacciones químicas que sobrevienen al esfuerzo. Estas entidades nocivas se denominan «radicales libres», y se les cita frecuentemente cuando se habla de problemas de envejecimiento celular o de cáncer. Así pues, estas dos vitaminas juegan un rol crucial en fase de recuperación, ya que preservan la integridad de nuestros tejidos. Hay que preguntarse, por esta razón, si es necesario proporcionar más y si las necesidades de los deportistas son mayores. La cuestión todavía no ha sido completamente contrastada, pero, en cualquier caso, parece evidente que se deberá procurar ingerir porciones adecuadas de los alimentos que constituyen buenas fuentes, tales como cítricos, kiwi, frutas frescas, perejil para la vitamina C, y germen de trigo, aceite de germen de trigo y pescados azules para la vitamina E.

De modo general, el hígado, los mariscos, los productos lácteos, las legumbres, la levadura de cerveza y los vegetales frescos deberían figurar de manera regular en las mesas de los deportistas y del conjunto de personas preocupadas por su salud. Se trata, en efecto, de la manera más segura de prevenir las carencias vitamínicas.

La cura invernal de vitamina C

«¿Es realmente interesante, cuando se hace deporte, emprender una cura de vitamina C cada invierno?»

La vitamina C no impide la aparición de enfermedades infecciosas, pero reduce su duración y su severidad. Además, reduce la sensibilidad de los deportistas a las infecciones. Pero es más eficaz si se consume bajo forma de vegetales frescos. La diversidad alimentaria y la ausencia de regímenes severos prolongados son suficientes, por tanto, para cubrir las necesidades del deportista, quien podrá recurrir a curas temporales de vitamina C durante periodos «de riesgo».

Una cura que no evita las enfermedades infecciosas pero las atenúa

En 1968 Linus Pauling, premio Nobel de medicina, propuso por primera vez emprender curas preventivas masivas de vitamina C. Esto correspondía, según afirmaba, a la preocupación por prevenir la aparición de enfermedades infecciosas en invierno, pero también a reducir los riesgos de cáncer, lo cual contribuyó más a popularizar sus escritos. Si bien actualmente se reconoce el rol preventivo anticáncer de la vitamina C, el beneficio aportado por esta cura en el plano inmunitario es más controvertido. Desde 1971, se han realizado no menos de 21 experimentos consistentes en administrar, de modo más o menos riguroso, más de un gramo diario de vitamina C con el objetivo de prevenir enfermedades infecciosas. Una reciente publicación finlandesa ha analizado el conjunto de estos trabajos. La conclusión fue que estas curas de vitamina C, propuestas a la población general, incluso durante varias semanas, no permiten disminuir significativamente el número de sujetos que caen enfermos. Por tanto, en este plano, la vitamina C aparece como poco eficaz. Sin embargo, hay un dato por lo menos apreciable, y es que esta cura reduce a la vez la duración de los episodios infecciosos y su severidad en el 23 % de los casos: es como si en lugar de coger una angina, una persona de cada cuatro se limitara a un corto constipado, sin duda porque la vitamina C estimula la actividad de ciertos actores de nuestras defensas inmunitarias.

La vitamina C reduce la sensibilidad de los deportistas a las infecciones

Con todo ello, ¿justifican estos resultados que se preconice la toma masiva de vitamina C por parte de los deportistas? Su mayor susceptibilidad a las infecciones hace que sean efectivamente una población «aparte», sometida a investigaciones recientes. Una de ellas se ha realizado con los participantes en el Maratón de Comrades (90 km), prueba pedestre disputada en mayo, periodo poco propicio a la aparición de enfermedades. Los autores de este trabajo pudieron observar, en las dos semanas siguientes a esta prueba, que los que habían participado eran más frecuentemente víctimas de infecciones del aparato respiratorio, y se presentaba el doble de casos entre ellos que entre un grupo de sedentarios observados durante el mismo periodo. Entonces se les ocurrió, para la edición siguiente, proponer a un grupo de participantes una cura de vitamina C. La mitad de los participantes en este experimento recibieron, durante las tres últimas semanas anteriores a la carrera, una dosis de

600 mg al día de vitamina C (el equivalente al contenido de dos litros de zumo fresco de naranja), y a la otra mitad se les administró un placebo. Los resultados fueron extremadamente concluyentes: un atleta suplementado de cada tres sufrió infecciones durante las dos semanas siguientes a la carrera, mientras que el grupo que recibió el placebo fue afectado el doble (dos de cada tres). Además, la duración y la severidad de los síntomas descritos por los miembros del primer grupo fueron menores, incluso en comparación con un tercer grupo constituido por no corredores que recibieron el placebo. Expresado de otro modo, mientras que los ultramaratonianos constituyen un grupo muy expuesto a las infecciones durante las dos semanas siguientes a una prueba de larga distancia, el aporte de vitamina C a título preventivo les convierte en un grupo menos susceptible a las enfermedades. Por el contrario, el efecto profiláctico parece menos interesante entre los que no se encuentran tan expuestos a tales agresiones, de manera cotidiana.

La vitamina C contenida en los vegetales es la más activa

Sin embargo, no se debe considerar que la única respuesta apropiada consista en suministrar un preparado farmacéutico a base de vitamina C. Por una parte, debemos considerar lo que los bioquímicos denominan el efecto «vitamínico» o «sinérgico». Traduce el hecho de que la actividad de la vitamina C presente en los vegetales sobrepasa siempre, en igualdad de dosis, a la de un comprimido farmacéutico. ¿Por qué? Sencillamente porque en el vegetal no sólo se encuentra el ácido ascórbico, sino también multitud de constituyentes anexos que refuerzan el efecto. Por otra parte, el rol de la vitamina C no se limita al refuerzo de las defensas del organismo. Participa también en la asimilación del hierro procedente de los alimentos vegetales o en la elaboración del colágeno y, por tal razón, nos parece indispensable que su aporte sea a la vez fraccionado en el curso de la jornada y diversificado. También preconizamos la diversidad alimentaria, la ausencia de regímenes severos prolongados y curas temporales de vitamina C en los periodos «de riesgo».

Fuentes alimentarias de vitamina C (en mg/100 g):

- cinorrodón (fruto del escaramujo): 200;
- grosella negra, papaya, guayaba, mango: 150;
- fresas, limón, naranja, espinacas frescas crudas: 100;
- piña tropical, pomelo, espárragos, ensalada, frambuesas: 50;
- grosellas, cebolla, albaricoque: 35;
- sandía: 35;
- apio, zanahorias, remolacha (un mes de almacenamiento): 5.

Germen de trigo y levadura de cerveza

«¿Por qué algunos ciclistas profesionales añaden cada día a su alimentación germen de trigo y levadura de cerveza?»

Por más calórica que sea la alimentación de los deportistas, no están a salvo de carencias de vitaminas y minerales, pues la «densidad nutritiva» de muchos alimentos (la cantidad de vitaminas, minerales y oligoelementos que contienen) es bastante floja. Por eso deben recurrir a complementos alimenticios hipocalóricos de fuerte densidad nutritiva, como el germen de trigo o la levadura de cerveza.

La alimentación muy calórica de los deportistas no impide las carencias

Cuando se describen las necesidades calóricas del deportista, superiores a las normales, se considera generalmente que, teniendo en cuenta su ración más rica en energía que la de los individuos menos activos, ingieren naturalmente más vitaminas, minerales y oligoelementos. Por tal motivo, los problemas de carencias deberían afectarles menos que a los que siguen un régimen. Sin embargo, no siempre sucede así, ya que es posible encontrar una situación paradójica de «carencias en la abundancia». La ilustración perfecta de este empobrecimiento de una alimentación por otra parte muy calórica nos la proporcionan los fast-foods, o restaurantes de comida rápida, donde se ha podido demostrar que a pesar de un carácter extremadamente atiborrado, y de la riqueza de hidratos de carbono y de lípidos, se aprecian inquietantes carencias de cromo, vitamina B_1 o magnesio, por no citar más que las particularidades más patentes.

La necesidad de complementos de fuerte «densidad nutritiva»

La preocupación de los dietistas por estos problemas de «micronutrimentos» les ha conducido, desde hace unos 20 años, a definir una noción que, con el tiempo, ha llegado a ser muy importante, la de «densidad nutritiva». ¿De qué se trata? Es una noción que expresa la cantidad de minerales o de vitaminas aportada por una cantidad dada de alimentos. Se expresa en miligramos por 1.000 calorías. Actualmente tiende a decrecer para muchos elementos, lo cual hace necesaria la búsqueda de comestibles dotados naturalmente de ciertos nutrimentos en tasas muy elevadas, y por otra parte pobres en calorías. Los dos mejores ejemplos de estos «complementos nutritivos» son indiscutiblemente el germen de trigo y la levadura de cerveza.

Composición nutritiva de una levadura de cerveza dietética

Nutrimento	Por 100 g	Por una cucharada sopera (5 g)	% de necesidades cotidianas
Vitamina B_1	35 mg	1,8 mg	128 %
Vitamina B_9	1 mg	0,1 mg	50 %
Cinc	8,8 mg	0,44 mg	3 %

Valor nutritivo del germen de trigo enriquecido con selenio

Nutrimento	Por 100 g	Por dos cucharadas de café/día	% de necesidades cotidianas
Hierro	12 mg	1,3 mg	9 %
Magnesio	240 mg	26 mg	9 %
Cromo	700 µg	77 µg	60 %
Manganeso	10 mg	1,1 mg	30 %
Selenio	1,1 mg	120 µg	100 %
Cinc	15 mg	1,6 mg	10 %
Vitamina B_1	7 mg	0,77 mg	55 %
Vitamina E	20 mg	2,2 mg	22 %

¿Cómo emplearlos? La levadura existe bajo forma de cápsulas o de pepitas, y estas últimas se espolvorean fácilmente sobre potajes, pastas, verduras crudas, incluso yogures. El germen de trigo se emplea de manera casi semejante, espolvoreado sobre cereales, müesli, u otros platos a base de soja. Consideramos que el uso cotidiano de estos complementos por aquellos que se entrenan más de cinco veces por semana constituye verdaderamente un «plus», sobre todo si, obligados a comer frecuentemente fuera de casa, no tienen seguridad alguna de ingerir su cuota diaria de vitaminas y oligoelementos.

Alimentación de «alta densidad nutritiva»

«¿Qué quieren decir los especialistas cuando afirman que los deportistas deberían ingerir una alimentación de "alta densidad nutritiva"?»

La «densidad nutritiva» es la tasa de vitaminas o de minerales que contiene un alimento. El deportista cuya alimentación debe mantenerse poco calórica tendrá dificultades para cubrir sus necesidades, especialmente de magnesio y de hierro. Así pues, debe adoptar una alimentación de alta densidad nutricional, consumiendo por ejemplo agua mineral, germen de trigo, levadura de cerveza, cereales integrales, legumbres secas o mariscos.

Qué es la «densidad nutritiva»

La «densidad nutritiva» designa la relación entre la cantidad de un nutrimento (por ejemplo el magnesio) suministrado por una ración y el contenido energético de ésta. Se expresa en mg/100 calorías. Cuanto más elevado sea este valor, más importante será el interés del alimento considerado. Veamos un ejemplo: el pan integral encierra 90 mg de magnesio por 100 g, porción que proporciona 232 cal. Así pues, la densidad nutritiva del magnesio se cifra en: 90/2,32=38,8 mg/100 cal. En el caso del pan blanco, los contenidos difieren sensiblemente. Contiene solamente 25 mg de este mineral cada 100 g, porción que aporta 257 cal. Por tanto, su «densidad nutritiva» es de 9,7 mg/100 cal. El impacto sobre el aporte de magnesio es netamente diferente.

Estos sencillos cálculos son fácilmente aplicables a la determinación de la densidad nutritiva de cualquier alimento.

Los déficits en hierro y magnesio de las alimentaciones poco calóricas

¿Por qué se concede tanta importancia a esta noción? Aunque los diferentes minerales y oligoelementos provienen de fuentes muy dispares, y las elecciones alimenticias presentan grandes variaciones de un individuo a otro, se comprueba curiosamente que existe una relativa constancia de aportes minerales para un determinado nivel energético. Así, la mayor parte de encuestas subrayan que nuestra alimentación proporciona como promedio 6 mg de hierro/100 calorías, densidad notoriamente insuficiente para los deportistas con aportes calóricos flojos o limitados. Es imposible encontrar para ellos los 15 a 20 mg que necesitan diariamente: si no cambian nada en su estructura alimentaria, se exponen inevitablemente a una ruptura de su régimen o a un aumento de peso, dado que deberían ingerir diariamente de 2.500 a 3.000 kcal al menos. El mismo problema se plantea con el magnesio, tanto más cuanto muchos comestibles que constituyen buenas fuentes se caracterizan por una riqueza calórica que limita su ingestión, tales como el chocolate, las nueces, las almendras, los frutos secos. No es posible ingerir grandes cantidades sin romper su equilibrio nutritivo, debido especialmente a su riqueza en azúcares y en grasas, lo cual no sería ciertamente una solución razonable para buen número de personas.

La alimentación de alta densidad nutritiva

La solución a este delicado problema dietético pasa, por tanto, por una reforma de los hábitos alimentarios, tendente a aumentar la «densidad nutritiva». Así pues, se buscarán alimentos que, sin aumentar demasiado el total de calorías de la jornada, aseguren una mejor cobertura de los aportes recomendados. Hemos seleccionado las opciones más razonables...

• *Nada de cocción con agua:* un vegetal puesto a hervir dentro de un líquido pobre en minerales, perderá lo esencial de su contenido. De modo general, este fenómeno de desperdicio concierne a todos los minerales, a menos que se eche sal al agua de cocción, o se diversifiquen los modos de preparación –al vapor, a la parrilla o a la papillote constituyen alternativas interesantes.

• *Evitar los fast-foods:* allí se encuentra exactamente lo que no conviene: muchas calorías, abundantes grasas y azúcares, apenas minerales y aún menos vitaminas; en realidad, puede hablarse al respecto de «desierto nutritivo». Uno se encuentra en una situación paradójica de carencia mineral dentro de una plétora calórica.

• *Beber aguas minerales:* la manera más adecuada de mejorar la densidad nutritiva es aportar un producto rico en minerales, pero desprovisto del menor valor calórico. Las aguas «duras», ricas en magnesio, satisfacen esta condición, ya que la asimilación de este mineral a partir de estas bebidas (ver composición en las etiquetas de las botellas) es bastante buena.

• *Añadir germen de trigo y levadura de cerveza a su ración:* la utilización casi generalizada de harinas cernidas ha suprimido de ellas un constituyente esencial: el germen. Los dietistas se han percatado de este error, y han fomentado la reintroducción de esta fuente incomparable de minerales y oligoelementos. Hay que tener en cuenta que una cucharada sopera (10 g) de germen de trigo aporta el 14 % de las necesidades de cinc, 5 µg de selenio (elemento cuyas necesidades diarias se evalúan entre 50 y 200 µg) o incluso 25 mg de magnesio, o sea tanto como 100 g de pan blanco. Como complemento, la adición de levadura de cerveza, dotada también de una extrema riqueza en vitaminas y minerales, reforzará este beneficio. Incluye además interesantes tasas de magnesio, selenio y cromo.

• *Comer cereales integrales y legumbres secas:* los productos integrales contienen muchas más fibras y cantidades de minerales notablemente superiores. Incluso si el porcentaje asimilado es inferior al extraído de los cereales «blancos», el balance final es favorable a las variantes «integrales». Al consumir la mitad de sus cereales bajo forma «integral» y tomar de una a dos porciones semanales de legumbres secas, se mejorará notablemente la densidad nutritiva de la ración.

• *Comer mariscos una vez a la semana:* ricos en proteínas, pobres en lípidos, contienen cantidades fenomenales de minerales.

• *Comer un poco de chocolate:* si no tiene que seguir un régimen ni perder peso, un consumo moderado de este alimento mejorará el aporte de numerosos elementos, vitaminas o minerales.

Las carencias de calcio

«Aunque el calcio se halla en todos los productos lácteos, parece que los déficits afectan a una proporción elevada de jóvenes deportistas. ¿Cómo explicar esta curiosidad?»

Los deportistas necesitan mucho calcio, y los productos lácteos constituyen la fuente esencial. Pero muchos deportistas no consumen bastante, lo cual provoca calambres, crisis de tetania, recuperación más difícil, sin hablar de la fragilización progresiva de los huesos. Por tanto, deben adquirir el hábito de comer productos lácteos en todas las comidas sin excepción.

Los deportistas tienen grandes necesidades de calcio

El organismo contiene cerca de 1.200 g de calcio, del cual sólo el 1% en la sangre. Figura en un 90 % en los huesos, a los cuales asegura en parte la mineralización, o sea la solidez. No se trata de un capital paralizado; al contrario, el hueso se presenta como un tejido en constante renovación, ya que cada día se elimina una parte del calcio que contiene, mientras otra viene a reemplazarlo, siempre que nuestra ración lo proporcione suficientemente. El equilibrio y la solidez de los huesos se conservarán con la única condición de que se fije una cantidad suficiente de calcio. Por consiguiente, la cobertura de las necesidades nutritivas de este elemento es esencial, tanto más cuanto la práctica regular de un deporte (y más particularmente las carreras de atletismo) y los procesos en juego durante el crecimiento elevan notablemente las cantidades diarias necesarias. Los productos lácteos constituyen la única fuente verdaderamente interesante (por la doble razón de que el calcio abunda y de que se encuentra bajo una forma correctamente asimilable), por lo cual se comprende fácilmente su rol capital.

Un producto lácteo por comida como mínimo

Los déficits sobrevienen cuando el contenido de la ración en calcio no satisface la cobertura de las necesidades, iguales o superiores a un gramo por día antes de los 20 años. La conservación del capital óseo hace necesario el consumo mínimo de un producto lácteo por comida, lo cual es más un deseo que una realidad. Efectivamente, aunque en Europa, por ejemplo, el consumo de yogures, de leches fermentadas o de queso se sitúa entre los más altos del mundo, este promedio halagador enmascara evidentes disparidades. Un tercio de europeos sólo ingiere un producto lácteo al día. La omisión de un verdadero desayuno juega un rol desfavorable indiscutible: alrededor del 25 al 30 % de los jóvenes no comen nada antes de salir de casa, o se limitan a una colación desprovista de calcio. La expansión de las comidas fuera de casa influye también de manera nefasta sobre esta tendencia.

Carencias que afectan al rendimiento del deportista

Este déficit de calcio fragiliza a los huesos y esta anomalía permanece largo tiempo silenciosa, ya que es necesaria una erosión lenta o una sobrecarga mecánica (entrenamiento intensivo) para que se manifieste por intermedio de un traumatismo óseo. Pero antes de esta última fase, pueden presentarse otras anomalías: calambres musculares, recuperación deficiente, crisis de tetania y pueden amargar la vida del joven deportista con carencias de calcio. Cierto número de reglas sencillas deberían ayudar a prevenir este problema, incluyendo el control de su peso. Muchos productos lácteos, tales como los yogures o la leche, se presentan también en variantes ligeras, pobres en calorías y en grasas, pero conservando todos sus minerales. Son compatibles con los regímenes más severos.

10 consejos para evitar los déficits de calcio

- *Consuma un producto lácteo por la mañana:* un yogur, un tazón de leche, una porción de queso blanco, una parte de flan o un plato de arroz con leche.
- *En caso de una comida al mediodía de pie y de prisa* (al aire libre, en el estadio o en la cafetería): prevea un botellín de leche, o un bocadillo de queso, o un yogur de los que no necesitan estar siempre en el frigorífico.
- *Expóngase al sol todo lo posible:* esto favorece la síntesis de la vitamina D, que mejora la fijación del calcio.
- *No abuse de carnes animales ni de alcohol:* su exceso se traduce en una fijación menos buena del calcio.
- *Después del entrenamiento, adquiera el reflejo «producto lácteo azucarado»:* beber un yogur, un vaso de batido de leche y fresa, arroz con leche, que contribuyen a optimizar su recuperación y le aportan la cuarta parte de sus necesidades diarias de calcio.
- *No olvide nunca la merienda:* un yogur, un vaso de leche, un postre de nata, deberían figurar al lado de la fruta, y con demasiada frecuencia están ausentes.
- *Prevea otro producto lácteo por la noche,* ya sea al final de la cena o al acostarse: no se ha encontrado todavía nada mejor que la leche caliente con miel para dormirse fácilmente.
- *Si tiene dificultades para ingerir tantos productos lácteos:* no dude en pedir al médico que le prescriba sales de calcio.
- *Los mariscos y las sardinas en lata* constituyen las dos únicas fuentes interesantes no lácteas de calcio: coma más a menudo.
- *Los postres de soja y la nata fresca* no son iguales que los productos lácteos, pues su contenido en calcio es demasiado flojo: por tanto, no caiga en la trampa consistente en reemplazar un yogur por uno de estos productos. Los productos lácteos constituyen la única fuente verdaderamente interesante de calcio.

Las carencias de magnesio al comienzo de la temporada

«Yo disputo varias pruebas de carretera cada verano, y presto mucha atención a lo que como durante este periodo. Sin embargo, todos los años, en el mes de septiembre, sufro carencias de magnesio. ¿Qué puedo hacer para impedirlo?»

Los deportistas tienen con frecuencia carencias de magnesio, pues no comen bastantes alimentos que lo contengan. Además, el esfuerzo acentúa las pérdidas de magnesio del organismo, y aparece la carencia al cabo de 6 a 8 semanas. Para evitarlo, el deportista debe consumir alimentos ricos en magnesio (espinacas, soja, mariscos, frutos secos, pan integral, germen de trigo, aguas duras...), y también distribuir mejor sus esfuerzos, intercalando fases de reposo.

Los deportistas tienen frecuentemente carencias de magnesio

Se ha tratado mucho sobre las carencias de magnesio, y ciertas estadísticas dejan suponer una frecuencia próxima al 50 % en el seno de ciertos grupos «de riesgo», tales como los sujetos a un régimen, las mujeres encintas, los niños que crecen o los deportistas. Estos datos indican que, en un momento dado, una de cada dos personas presenta tal déficit. En nuestra opinión, es necesario relativizar este problema, dado que no existe un indicador sanguíneo que pruebe formalmente que existe una carencia. Nos encontramos aquí con una situación diferente a la del hierro, con el cual es posible evaluar más precisamente la importancia de las reservas.

Con todo, existe efectivamente un problema: buen número de deportistas tienen aportes de magnesio apenas suficientes o muy escasos, debido a elecciones alimentarias que descartan ciertos alimentos que representan buenas fuentes (ver más adelante). Como, por otra parte, ciertos procesos directamente relacionados con la actividad física contribuyen a incrementar las pérdidas, el deportista cuya ración está en el «límite» puede caer progresivamente en una situación de carencia, que se manifestará con una demora de 6 a 8 semanas. La aparición sistemática de este déficit en septiembre significa con toda seguridad que nuestro consultante ya cubre difícilmente sus necesidades en tiempo normal, aun cuando crea que presta atención a su alimentación, y que el encadenamiento de competiciones durante julio y agosto provoca los fenómenos que disparan la carencia. Intervienen diversos factores:

- La repetición de esfuerzos sostenidos en tiempo cálido provoca la emisión de importantes volúmenes de sudor, lo cual va acompañado de crecientes fugas minerales.
- La deshidratación perturba la irrigación digestiva, lo cual ocasiona que las células intestinales, menos operativas, dejen escapar más magnesio. La asimilación es más floja.
- La acumulación de todo eso desencadena una liberación exagerada de adrenalina, lo cual ejercerá varias acciones. Se nota así una movilización del magnesio de los músculos hacia el tejido adiposo o los riñones, lo cual afec-

ta a la larga al funcionamiento de los músculos. Además, el tránsito se acelera, incluso en reposo, y las pérdidas urinarias de magnesio aumentan. La acumulación de estas anomalías acelera así la instauración de una carencia.

Prevenir las carencias por medio de la alimentación y la distribución de los esfuerzos

Las medidas de prevención se refieren, por supuesto, a la alimentación. Se incluirán los comestibles que proporcionen magnesio en cantidades importantes: mariscos, espinacas, acelgas, frutos secos, pan integral, germen de trigo, aguas duras (ver etiqueta en las botellas). Se podrá realizar, según consejo médico, una cura de magnesio, para contar con un margen de seguridad y garantizar una buena asimilación. También es aconsejable restringir el consumo de café, dado que la cafeína y otros alcaloides contenidos en esta planta aumentan las pérdidas urinarias de minerales, especialmente de magnesio. Pero la desaparición de esta anomalía en la reanudación de la temporada pasa sobre todo por una distribución más racional de los esfuerzos: espaciamiento de las competiciones, limitación de la duración y la frecuencia de los esfuerzos efectuados bajo el calor, y programación de periodos de reposo y de recuperación a intervalos regulares. Durante estos periodos más calmados, el tránsito se ralentiza, lo cual favorece la asimilación del magnesio. Aún queda, no obstante, una proporción no desdeñable de corredores, desestabilizados por el estrés, que continuará asimilando mal y desarrollando carencias de este elemento. El estrés, la espasmofilia y la carencia de magnesio van juntos frecuentemente... La desaparición de esta anomalía en otoño pasa, sobre todo, por una distribución más racional de las competiciones estivales.

Las carencias de magnesio casi permanentes

«Habiendo sufrido espasmofilia en el pasado, realizo regularmente curas de magnesio de un mes. A pesar de ello, frecuentemente presento déficits y, aunque procuro consumir alimentos ricos en magnesio, la situación no ha mejorado mucho. ¿Cómo se explica esto, y qué más puedo hacer para remediarlo?»

El calor, los sudores abundantes, el estrés, la repetición de pruebas en breve plazo, favorecen las pérdidas de magnesio, y algunos individuos son más sensibles que otros a estas variables. Cuanta más tendencia tengan a presentar carencias, más alimentos ricos en magnesio deben ingerir y más han de recurrir a los suplementos. Cuidado: es necesario cocinar los alimentos de manera poco agresiva, para que no pierdan demasiados minerales (al vapor, al horno, al microondas, y sobre todo no en agua hirviendo, a menos que se añada bastante sal).

Signos anunciadores de carencias

El magnesio se halla localizado casi exclusivamente en nuestros tejidos, ya que el 99 % de este mineral figura en nuestras células, contra el 1 % en los líquidos extracelulares, porcentaje ridículo que muestra hasta qué punto debe realizarse con mucha prudencia la interpretación de los análisis sanguíneos para este elemento. Se considera, por otra parte, que, en los sujetos expuestos al riesgo de déficit, la aparición de signos «clínicos» tales como hormigueo en los miembros, calambres nocturnos (en particular en las pantorrillas), dificultad para dormirse, vértigos al pasar de la posición sentada a la de pie, por no citar más que los principales, evocan muy precozmente la instauración de tal déficit. En este caso, la administración de suplementos invertirá la tendencia en sólo 15 días, plazo corto al cabo del cual desaparecerá la mayor parte de estos estigmas.

Pérdidas de magnesio variables según las actividades y los individuos

No todos somos iguales ante el riesgo de déficit. En efecto, diversos elementos pueden contribuir a la aparición de esta anomalía. Una alimentación demasiado pobre en magnesio contribuye evidentemente y explica la necesidad, cuando el déficit es demasiado severo o son imposibles las correcciones dietéticas adecuadas, de optar por una administración de suplementos. Iremos un poco más lejos, ya que además del problema de «entradas» planteamos el de salidas, con lo cual se aprecian notables desigualdades. La amplitud de las pérdidas por el sudor depende ciertamente de la intensidad del esfuerzo, de la temperatura exterior, pero también de particularidades individuales. Éstas determinan el volumen hídrico perdido y sobre todo, indirectamente, la cantidad de magnesio emitido. En efecto, cuando las glándulas sudoríparas funcionan al máximo de su capacidad, en situaciones de estrés máximo (espera tensa de una prueba, calor, esfuerzo por encima del umbral), se pierden cantidades mayores de magnesio. La repetición de competiciones dentro de un periodo corto de tiempo, durante el verano, favorece por consiguiente la aparición de este déficit. Además, cuando se liberan fuertes cantidades de adrenalina (como en los casos citados anteriormente), el magnesio se elimina en cantidad creciente por la orina. Por último, la aceleración del tránsito que resulta de este «agotamiento» conduce a un aumento de las pérdidas fecales. La tolerancia al estrés, la adecuación del entrenamiento, y la adaptación al calor constituyen otras tantas variables moduladas por el individuo que influyen en la proporción del magnesio.

Alimentos ricos en magnesio y modos de cocción no agresivos

La naturaleza de la ración juega también un rol importante, puesto que la mayoría de estudios indican que una de cada dos personas no ingiere suficiente magnesio. Hay tres categorías de constituyentes que nos proporcionan este elemento en proporciones interesantes:

- Las aguas «duras» (ver composición en la etiqueta de la botella). Un litro aporta de 65 a 140 mg de magnesio, cifra próxima a las necesidades mínimas cotidianas, estimadas en 400 mg para los hombres y 350 para las mujeres, pero que se pueden duplicar perfectamente en ciertos individuos «predispuestos», especialmente los deportistas que sudan mucho. A razón de 0 calorías por vaso, y de un poder alcalino precioso en periodo de recuperación, estas aguas merecen figurar regularmente en nuestra mesa.
- Alimentos poco ricos en grasas y en azúcares y compatibles con una alimentación equilibrada, como los mariscos (150 a 400 mg/100 g de carne), las legumbres secas, el pan integral (90 mg/100 g), ciertas verduras (espinacas, acelgas) o la soja. Los modos de cocción poco agresivos (al vapor, al horno, al microondas, sobre todo no al agua hirviendo, a menos que sea muy salada) conservan lo esencial del contenido mineral de las verduras.
- Por último, ciertos alimentos que deben ser utilizados con moderación. Se trata de aquellos a los que se incrimina regularmente (¡y con justicia!) por algunos kilos de más ganados en invierno: cacao (400 mg/100 g de chocolate negro), oleaginosos (nueces, avellanas, almendras), frutos secos (higos, dátiles, etc.) y que aportan una cuota interesante de magnesio, pero su verdadera incidencia sobre el riesgo de déficit dependerá de lo que nos permita consumir nuestro peso y nuestra higiene de vida. Sin embargo, tampoco puede justificarse un exceso de severidad: estoy convencido de que 20 g de chocolate al día no causarán perjuicio alguno al deportista que se entrena 5 veces y más por semana, sino que contribuirán ventajosamente a la cobertura de sus necesidades de magnesio.

Administración de suplementos de magnesio

¿Qué pasa con las preparaciones farmacéuticas a base de magnesio? La administración de suplementos puede contemplarse en dos casos. En primer lugar, para paliar un déficit severo. En efecto, la alimentación no puede corregir por sí sola, en un plazo breve, una carencia instalada progresivamente. En segundo lugar pueden administrarse a título preventivo, antes de un periodo que se considere «de riesgo», como la temporada de competiciones estivales, las pruebas de final de año, o un régimen durante el mes de septiembre. Es un caso típico de prevención, que también es necesaria en los que sufren contracciones espasmódicas a finales de marzo y de septiembre (en el momento de los cambios de hora), pues son periodos que, por razones aún mal conocidas, dan lugar a descompensaciones súbitas y severas.

Comer morcilla para paliar una carencia de hierro

«Practico el patinaje de velocidad y, entrenándome mucho, tengo déficits frecuentes de hierro. Me han aconsejado que coma morcilla. ¿No me perjudicará este alimento muy graso?»

El hierro de origen animal se asimila mucho mejor que el procedente de los vegetales o en comprimidos. Entre los alimentos más ricos en hierro bien asimilable figuran el hígado y la morcilla. El primero, pobre en lípidos, permite mantener la línea. En cuanto a la morcilla, se puede eliminar la mitad de las grasas que contiene perforándola antes de la cocción y cociéndola a la parrilla.

Problemas de peso y carencias de hierro

En los deportes de resistencia y de velocidad, pero también en los de componente estética, la ligereza constituye una ventaja. Por tanto, sus practicantes procuran limitar su proporción de grasas corporales, y esta preocupación hace que restrinjan la ingestión de lípidos, lo cual conduce frecuentemente a la exclusión casi total de varios alimentos que se consideran demasiado grasos. Éste es el caso de la charcutería, que no tiene buena prensa entre los deportistas ni entre los dietistas. La morcilla negra, que contiene 33 g de lípidos por cada 100 g es uno de esos casos. Aparte de las cuestiones de peso, los problemas de carencias de hierro constituyen la primera preocupación de numerosos deportistas. Es necesario decir que esta anomalía concierne a una importante fracción de hombres deportistas y todavía más de mujeres deportistas. Se calcula que cerca de un tercio de los deportistas presenta tal déficit.

Hay múltiples procesos que contribuyen a un aumento de las pérdidas de hierro, y facilitan así la aparición de carencias. Por ejemplo, la destrucción de los glóbulos rojos en los vasos sanguíneos, que sobreviene cuando aumenta el débito cardiaco, las microhemorragias digestivas observadas en los episodios de deshidratación, las debidas a golpes repetidos o a una toma de antiinflamatorios. Independientemente de esos procesos, una ración de hierro demasiado pobre contribuye también a la aparición de estas anomalías.

El hierro de origen animal es el que mejor se asimila

Calcular el nivel global de los aportes, tal como proponen la mayor parte de los programas de nutrición, no permite determinar exactamente si un individuo presenta una carencia. El enfoque debe ser más sutil; efectivamente, este mineral existe en nuestra alimentación bajo dos formas. Por una parte, se encuentra el hierro de origen animal, que los fisiólogos califican como «hemínico», y que se asimila correctamente. Va asociado a la hemoglobina, presente en los glóbulos rojos. Por otra parte, el hierro figura en los comestibles del reino vegetal. Se habla entonces de hierro «no hemínico». Aparece igualmente bajo esta forma el suministrado por los medicamentos o el que se añade a los copos de maíz destinados a los niños. Nuestro organismo no lo fija tan bien como al anterior y, además, su asimilación varía según la influencia de diversos factores. Las interacciones con otros minerales y oligoelementos, la inhibición debida a la cafeína y a ciertos componentes vegetales, tales como los contenidos en las espinacas, reducen notablemente el porcentaje finalmente retenido. Tan sólo la vitamina C actúa de manera opuesta, facilitando la absorción del hierro por nuestro organismo. De ahí que sea interesante ingerir los comprimidos de hierro con un zumo de naranja, y no con un café o un té. Pero globalmente en nuestros tejidos penetra como mucho el 5 % de esta segunda forma de hierro, y el resto se elimina irremediablemente.

Dar preferencia al hierro de origen animal (hígado y morcilla)

Soslayando este fenómeno de asimilación, a menudo se ha intentado corregir una carencia de hierro administrándolo bajo forma de comprimidos. Se ha comprobado que el efecto era transitorio y no siempre inmediato, lo que obligaba a veces a recurrir a un procedimiento más agresivo: las inyecciones. Otra solución, eficaz a la vez en el marco de la prevención y en el de la corrección, consiste en volver a dar dentro de nuestra ración un lugar privilegiado a las fuentes animales de hierro, que han sido objeto de rechazo con demasiada frecuencia durante una quincena de años. Así se encuentran numerosos vegetarianos entre los triatletas, los maratonianos o los esquiadores de fondo, que difícilmente satisfacen sus necesidades de hierro. De todos los productos de origen animal, los que llevan más hierro son el hígado (pobre en lípidos) y la morcilla. Este último, debido a su riqueza en sangre, parece particularmente adaptado. Pero se le reprocha, según se ha visto, su contenido en grasas. A esto se le puede poner remedio en parte. ¿Cómo? Este contenido en grasas puede reducirse si se la perfora antes de la cocción con ayuda de un palillo y se hace a la parrilla. Así se puede eliminar la mitad de la grasa que contiene, pero el hierro permanece en el alimento. Una porción de 100 g, suficiente para asegurar la cobertura de las necesidades diarias, aportará tantos lípidos como 50 g de queso. Si se tiene cuidado en reducir el aporte de otras fuentes de grasas durante la jornada, la ingestión de este producto no alterará finalmente el equilibrio alimentario. Además, si se procura comerlo un día en que no se entrene, se descartan completamente los eventuales problemas digestivos derivados de su consumo.

Iniciar una cura de hierro tres semanas antes de una competición

«Estoy preparando un maratón que tendrá lugar dentro de tres semanas. No me he hecho ningún chequeo. ¿Cree útil que inicie una cura de hierro?»

No, porque se necesitan de 4 a 6 semanas para compensar una carencia incipiente. Pero como las necesidades de hierro se incrementan en el curso de la preparación para el maratón (y sobre todo durante el propio maratón), y como las carencias afectan al rendimiento, es recomendable efectuar controles regulares, vigilar los aportes de hierro y alternar periodos de reposo propicios para la asimilación de los minerales.

Las necesidades de hierro del maratoniano

El déficit de hierro sobreviene frecuentemente en los atletas, y el maratón constituye una de las situaciones que más la favorecen: la aceleración del tránsito digestivo, la destrucción de los glóbulos rojos a consecuencia de la onda de choque de los numerosos impactos de los pies en el suelo, las colisiones entre estos glóbulos en los vasos sanguíneos, las múltiples pequeñas hemorragias digestivas o musculares que se producen en las salidas largas, los aportes alimentarios frecuentemente «justos», contribuyen a la instauración de una carencia de hierro. Por tal razón se recomienda efectuar controles regulares, supervisar los aportes de hierro, e intercalar periodos de reposo propicios a la asimilación de los minerales.

¿Cómo se manifiesta una carencia de hierro?

El hierro interviene en múltiples funciones fisiológicas. Así participa en la actividad de diversas enzimas (proteínas que sirven de soporte a las reacciones químicas), las cuales aumentan su contenido en los músculos de los sujetos entrenados, ya que en el curso de la preparación para el maratón se incrementan las necesidades de hierro. A la inversa, los aportes insuficientes van acompañados por una disminución de la actividad de estas enzimas, que se traduce en un descenso de rendimiento que puede observarse antes que cualquier otra perturbación. Por ejemplo, la tasa de hemoglobina (la proteína de los glóbulos rojos que asegura el transporte del oxígeno en la sangre) no comienza a bajar más que en una fase muy avanzada de déficit, y cuando sobreviene esta anomalía, la situación ya es seria.

El examen médico preventivo y los suplementos

Así pues, se trata de descubrir lo más pronto posible una disminución de las reservas de hierro. Para ello se mide la tasa de ferritina, que constituye un buen indicador. Cuando se comprueba una caída anormal de este parámetro, una toma de hierro permite normalizar rápidamente la situación. En la fase de anemia, que corresponde a una carencia más antigua y más severa, el caso es diferente, ya que la recuperación de las reservas y la renovación de los glóbulos rojos (que tienen una duración de unos

120 días) impone un largo plazo de reposo. La última medición de ferritina plasmática debe hacerse de 4 a 6 semanas antes del acontecimiento deportivo, plazo mínimo para compensar una carencia naciente. En su caso, iniciar la cura tres semanas antes de la competición no sirve de nada, excepto para inquietarle inútilmente si los resultados son malos.

3

BEBIDAS

Las aguas minerales

«¿Le interesa a un deportista beber solamente aguas minerales? Y en caso afirmativo, ¿debe cambiar regularmente de marca?»

Las personas tienen tendencia a beber más cuando consumen agua embotellada, lo cual es bueno. Además, las aguas minerales aportan magnesio al organismo (los minerales restantes apenas se asimilan). Las aguas minerales con gas favorecen la recuperación... pero también los problemas digestivos, por lo cual es necesario consumir poca cada vez. Y es mejor no beber siempre las mismas aguas minerales. Pero aparte de los casos de recuperación y de la falta de magnesio, no presentan más interés que el agua natural.

El agua mineral se bebe más fácilmente que la del grifo

No se puede dar una respuesta unívoca a esta cuestión. En efecto, el agua tal como existe en la naturaleza frecuentemente no es utilizable directamente para el consumo humano, por falta de pureza. Puede contener múltiples contaminantes, entre los cuales los más peligrosos son los nitratos y los pesticidas, y por tanto debe ser tratada antes del uso. Pero las operaciones a las que se la somete no agradan siempre al paladar; algunos sabores de boca pueden hacer que sea muy difícil de beber o poco apreciada. Hay datos objetivos que demuestran que estas modificaciones pueden tener repercusiones fisiológicas insospechadas. Se ha comprobado, por ejemplo, que el consumo de agua de los parisienses llegaba apenas a 1,15 l por día, lo que queda muy por debajo de los 2,5 l que se consideran necesarios. La presencia de microcontaminantes o de derivados químicos utilizados en el tratamiento podría explicar esta «dipsomanía» inversa en contra del agua, mientras que, por el contrario, se ha observado la ingestión de un volumen significativamente superior cuando se dispone de agua embotellada de sabor agradable. Esta mayor propensión a hidratarse cuando se dispone de un líquido «agradable» constituye una de las razones por las cuales el consumidor se inclina cada vez más hacia las aguas embotelladas.

Un buen aporte de magnesio, pero el de calcio y el de hierro muy mal asimilados

Son sobre todo las aguas llamadas «minerales» las que se benefician de esta tendencia. Recordemos que constituyen ante todo el elemento de base de una cura dentro de cuyo marco se las ha prescrito. Su contenido en minerales u oligoelementos puede variar notablemente de una marca a otra, y puede hacer que algunas sean complementos nutritivos muy interesantes. Su ingestión puede responder a la preocupación de prevenir ciertos déficits. Pero en la práctica se debe tener en cuenta la realidad de una asimilación muy poco eficiente. Ciertamente, el magnesio contenido en altas dosis en algunas aguas minerales se retiene bien, y puede mejorar el aporte global en nuestra ración. Pero no sucede lo mismo con el calcio y tampoco con el hierro: las aguas que los proporcionan en mayor cantidad no aportan más de 1 mg/l, lo cual constituye un contenido netamente por debajo del que suministran comestibles tales como el hígado, la morcilla, los mariscos o el buey. Además, la forma química bajo la cual se encuentra este hierro es poco asimilable. No se previene ni se corrige una carencia de hierro con aguas minerales ferruginosas.

Las aguas con gas bicarbonatadas o «duras»

Las aguas bicarbonatadas presentan en teoría un verdadero interés fisiológico para los deportistas. En fase de recuperación, su carácter alcalino permite neutralizar el ácido formado con el esfuerzo, lo cual posibilita acelerar la restauración del equilibrio. Sin embargo, hay que prestar atención, ya que la riqueza mineral exagerada de algunas marcas, y en particular su fuerte contenido en magnesio, puede ejercer un efecto laxante perjudicial. La ingestión de aguas duras por parte de un individuo deshidratado, cuyos intestinos están poco irrigados, puede favorecer la aparición de problemas digestivos. Por tanto, se recomienda consumir poco cada vez, pero con frecuencia. Si se figura entre las personas con tripas sensibles, se elegirán en primer lugar las aguas naturales, dejando en segundo plano las aguas con gas bicarbonatadas.

Cambiar de aguas minerales... ¡pero también prescindir!

Observemos también que a veces se resalta el supuesto valor terapéutico de ciertas aguas minerales para justificar su prescripción, del mismo modo que se preconiza una cura termal. Por el contrario, ciertos escritos sugieren que la ingestión crónica de algunas aguas, en ausencia de toda patología, podría ocasionar a la larga perturbaciones fisiológicas. ¿Cuál es la realidad? Al margen de pruebas científicas, es desaconsejable beber siempre las mismas aguas minerales. En otras palabras, si el agua de su grifo es potable y agradable, puede ahorrarse el importe de las aguas embotelladas, sin ningún perjuicio. Las únicas situaciones que pueden justificar su consumo son la recuperación, la carencia de magnesio o ciertas patologías metabólicas que hagan aconsejable una cura.

Las bebidas vigorizantes

«¿Qué piensa de las "energy drinks"? ¿Se trata de bebidas apropiadas para la práctica deportiva? ¿Pueden consumirse cuando haya que hacer un esfuerzo como se oye decir?»

Las bebidas vigorizantes son ricas en glúcidos, cafeína, taurina, vitaminas y ginseng, pero su eficacia es dudosa: el aporte de hidratos de carbono es apropiado para la práctica deportiva, pero el interés de los otros componentes está sin demostrar. Además, estas bebidas con gas son más difíciles de digerir que las otras; por tanto, se evitará consumirlas con ocasión del esfuerzo.

¿De dónde vienen las «energy drinks»?

Las «*energy drinks*» o «bebidas vigorizantes» se diferencian de las bebidas «energéticas» llamadas «del esfuerzo», en su composición, aunque juegan con la confusión del consumidor. Tuvieron su origen en el Japón, y en menor grado en Thailandia, bajo forma de jarabes con virtudes dinamizadoras. En Asia, se trata de preparaciones supuestamente dotadas de virtudes higiénicas, que contienen extractos de ginseng, de eleuterococo u otras plantas. Esta composición particular explica que se atribuya a estos productos un efecto estimulante, que poco a poco ha seducido a ciertos fabricantes europeos, aun cuando no está demostrada su eficacia real. Al final de la década de 1980, se concedió una licencia de explotación a la marca austriaca Red Bull, primer producto vigorizante aparecido. Se presentó bajo forma de una soda carbonatada. Red Bull se ha dado a conocer especialmente en los circuitos europeos de pruebas de esquí de fondo.

Bebidas ricas en hidratos de carbono, cafeína, taurina, vitaminas y ginseng... de eficacia dudosa

Las bebidas vigorizantes han tardado en implantarse en algunos mercados, tales como el francés, debido a la existencia de unas leyes y unas normas alimentarias muy estrictas, probablemente las más severas de Europa. Esta legislación presenta la enorme ventaja de haber sido concebida para proteger al consumidor, y ha conducido a un bloqueo de los productos alemanes y americanos en Francia, especialmente a causa de la presencia de compuestos no previstos en el marco de esa ley. Sin embargo, es evidente que esto no significa que estos productos puedan poner en peligro la salud del consumidor, sino que sólo pueden entrar en su composición los ingredientes cuyo efecto ha sido debidamente demostrado, lo cual evita cualquier superchería. ¿Qué se encuentra realmente en estas «bebidas vigorizantes»?

- *Una mezcla de hidratos de carbono,* glucosa, maltosa y fructosa, cuya combinación se supone que optimiza la asimilación de los azúcares constitutivos. En realidad, ningún estudio apoya esta afirmación.
- *Cafeína,* en contenidos tales, que un botellín de 25 cl proporciona como promedio el equivalente al contenido de una taza de café. Se supone que el aporte realizado influye sobre la concentración, la disponibilidad intelectual del consumidor. ¿Qué se puede opinar? Ciertamente, el aporte de cafeína puede influir indiscutiblemente sobre la aptitud de ciertos individuos para

recuperarse de un desfase horario y mantener la vigilancia. Pero no sucede eso con todo el mundo, en particular con personas que figuran habitualmente entre los «grandes» consumidores. En realidad el interés de la cafeína está pendiente de demostración.

• *Taurina,* que figura en proporción de un gramo por botellín. Es un derivado de aminoácido dotado de numerosas propiedades fisiológicas. Se le atribuyen virtudes de antiestrés «natural».

• *Tasas muy elevadas de numerosas vitaminas.* Su efecto sobre el funcionamiento cerebral, en ausencia de toda carencia, sigue siendo muy hipotético y cada vez más dudoso.

• *Ginseng,* con objetivo ergógeno. Su contenido muy flojo y su ingestión aislada le quitan cualquier interés.

¿Cuál es la eficacia global de estos productos? No existe ningún argumento científico directo que confirme su interés potencial. Por otra parte, estas bebidas gaseosas, particularidad que las hace delicadas de digerir, son realmente más difíciles de consumir en el curso del esfuerzo que una preparación más clásica.

Cuando hace mucho calor, ¿agua pura o bebida energética?

«Cuando hace mucho calor, ¿no es preferible el agua pura a las bebidas energéticas para apagar la sed convenientemente?»

Al contrario, las bebidas energéticas son más recomendables que el agua pura cuando hace mucho calor: permiten combatir la deshidratación y mejoran los rendimientos deportivos. Sencillamente, para evitar el hastío provocado por la ingestión repetida de líquido azucarado, es preferible optar por preparaciones, no a base de hidratos de carbono, sino de polímeros.

¿Bebidas concentradas cuando hace frío, y diluidas cuando hace calor?

Es clásico contraponer los esfuerzos efectuados en un ambiente térmico neutro (15-18 °C) o frío, a los que se realizan con calor (25 °C y más). En efecto, la primera situación no ocasiona, a priori, una deshidratación tan importante como cuando la temperatura es elevada. La gente no se encuentra forzada a compensar inmediatamente y en cantidades importantes las pérdidas hídricas moderadas causadas por la actividad. Por el contrario, el gasto energético que sobreviene en el curso del esfuerzo impone un aporte regular de hidratos de carbono, lo que ha conducido a los especialistas a recomendar bebidas relativamente concentradas en este contexto particular.

En cambio, cuando hace calor parece que se invierten las prioridades, y aunque el gasto de hidratos de carbono permanece invariable con relación a la primera situación, las necesidades hídricas crecen notablemente, hasta el punto de exigir una compensación abundante e inmediata. Esto explica que se recomiende dar primacía a las bebidas muy diluidas, incluso al agua pura, tanto más cuanto el hastío provocado por la ingestión repetida de líquidos azucarados ocasiona un rechazo progresivo cuando hace calor. La gente se imagina entonces que el agua pura conviene más.

Las bebidas energéticas están más indicadas que el agua pura

Diversos estudios han demostrado que, en condiciones difíciles, las bebidas energéticas normalmente preparadas pueden ser tan beneficiosas como el agua pura. Uno de esos estudios, realizado con corredores muy bien entrenados, consistió en comparar la influencia de una bebida con polímeros al 8 % con la de un placebo edulcorado, consumidos en volúmenes equivalentes, sobre los resultados obtenidos en una sesión de carrera a pie de 40 km. Este estudio, realizado en Atlanta, dentro de un programa de preparación de los Juegos Olímpicos, obligaba a iniciar los entrenamientos a las 8 de la mañana, cuando la temperatura ya era de 25 °C. Cuando se terminaban la temperatura había subido 7 grados. Afortunadamente para ellos, no se les pidió que cubrieran toda la distancia al ritmo de la competición, tan sólo debían cubrir los últimos cinco kilómetros «tan rápidamente como fuera posible». Este esquema debía permitir detectar más fácilmente un eventual efecto beneficioso de la ingestión de la bebida. Este estudio reveló que los cronos de los últimos cinco kilómetros fueron notablemente mejores cuando los maratonianos habían consumido hidratos de carbono, lo cual testimoniaba su interés. Sobre todo, la lucha contra el calor y la deshidratación se desarrollaba igualmente bien en ambas situaciones, lo cual significa que el aporte de hidratos de carbono, incluso en tasas elevadas, rehidrata tan bien como el agua que se suele preferir en estas condiciones. Por consiguiente, incluso si hace calor, siempre es preferible recurrir a preparaciones energéticas. Hay que procurar elegir preparaciones de la «nueva generación», compuestas no ya de glucosa, como las bebidas de la primera época, sino de «polímeros» (o «maltodextrinas»), que se caracterizan por su ausencia de sabor azucarado y su aptitud para asegurar un suministro de energía suficiente sin riesgo de problemas digestivos. Se llega así a una formulación «estándar» de las preparaciones consumidas, cualesquiera que sean las condiciones de esfuerzo.

Las bebidas «isotónicas»

«Oigo hablar frecuentemente de bebidas "isotónicas". ¿De qué se trata y qué ventajas poseen con relación a otras bebidas?»

Una bebida isotónica contiene tantas partículas por unidad de volumen como el plasma sanguíneo, lo cual favorece la asimilación óptima del conjunto de sus constituyentes. Cuando aumenta la concentración de la bebida, el organismo secreta agua para poderla asimilar. Por tanto, hay que evitar las bebidas hipertónicas en caso de calor o de sudor abundante, aunque son apropiadas para los esfuerzos realizados en tiempo frío. Observemos que las bebidas con polímeros resuelven estos problemas de asimilación difícil.

La isotonía

La noción de isotonía se refiere a un fenómeno biológico bien conocido, la ósmosis. Ésta describe los movimientos de líquido y de partículas (las «disoluciones») en el seno del organismo, pero más generalmente entre varios compartimentos líquidos yuxtapuestos. ¿Quién no se acuerda del experimento realizado en clase en el cual se colocaba una membrana porosa entre dos recipientes de líquido, y en el que uno de ellos recibía una solución coloreada? Es la ilustración perfecta de este fenómeno. Recordemos que se veía difuminarse poco a poco la coloración del compartimento de la derecha, mientras que el agua contenida en el de la izquierda adquiría gradualmente un tinte rosado. Reemplace el colorante por partículas de glucosa (o de cualquier otro componente de nuestra alimentación), considere que la membrana de separación está representada por la mucosa intestinal, y que los dos recipientes son, por una parte, el canal intestinal y por otra, el plasma sanguíneo, y tendrá una idea bastante justa de los procesos de asimilación que siguen a la ingestión de una bebida glucídica. Sabemos que numerosas partículas se hallan solubilizadas en la sangre –aminoácidos, proteínas, minerales, azúcar– y que intervienen diversos mecanismos moduladores, de modo que el número de partículas en solución permanece relativamente constante. Lo que cuenta en este caso no es la cantidad de una sustancia dada, sino el número de partículas, del mismo modo que en una cabina ferroviaria de cambio de agujas, el trabajo depende del número de trenes y no del número de vagones. Se habla de isotonía para designar el estado de una solución que contiene tantas partículas (por unidad de volumen) como el plasma sanguíneo.

Bebidas isotónicas, hipotónicas e hipertónicas

La isotonía es una situación favorable para la asimilación óptima del conjunto de componentes. Si circula un número menor de partículas, se habla de solución «hipotónica». Cuando una bebida así llega a los intestinos, el principio de la ósmosis favorece la absorción. Por el contrario, si se ingiere una preparación «hipertónica», es decir, cuyo número de partículas de disoluciones presentes por unidad de volumen es superior a las del plasma, la ósmosis va a influir negativamente. Será necesario diluir este líquido demasiado concentrado, y las células intestinales liberarán agua hasta que la bebida ingerida llegue a ser isotónica. Se secretará agua, y esto podrá dar lugar, en casos extremos, a la aparición de diarreas. En el contexto de un ejercicio físico, esta manifestación agravará la deshidratación. Por tanto, se debe desaconsejar la utilización de tales bebidas cuando hace calor o cuando se suda mucho. Pero las preparaciones isotónicas no convienen forzosamente al organismo deshidratado que realiza con dificultad el trabajo de asimilación impuesto.

¿Cuándo puede estar justificada una bebida hipertónica? En una situación bien concreta, la de ejercicios prolongados efectuados en tiempo frío. En este caso, la pérdida hídrica es floja y no necesita una compensación importante con las bebidas. Entonces pueden ingerirse volúmenes bajos de bebida sin temor. Pero si se trata de soluciones hipotónicas, un consumo flojo por parte del atleta hará que no reciba bastantes hidratos de carbono en el curso de la actividad, y planeará sobre él la amenaza de un desfallecimiento. Con el recurso a preparaciones más concentradas, desaparece este riesgo.

Bebidas con polímeros

Observemos que una nueva generación de bebidas, llamadas «con polímeros», permite responder de manera adecuada a estas dos situaciones extremas. Se trata, en efecto, de partículas energéticas de longitud muy grande. Su ingestión permite asegurar un aporte calórico suficiente, al mismo tiempo que mantiene un nivel osmótico inferior al del plasma sanguíneo. Si nos referimos de nuevo al ejemplo ya citado anteriormente, se encuentra en el caso de un tren único, aunque muy largo, que llega a una estación. Aunque lleve muchos vagones, no se trata más que de un solo tren, y el trabajo del encargado de las agujas se reduce al mínimo estricto.

¿Es necesario beber en los esfuerzos de menos de una hora?

«En una hora, no hay tiempo para deshidratarse. ¿Por qué aconsejar beber en estas condiciones, y especialmente cuando hace frío y no se suda?»

Las pérdidas de agua provocan una disminución de las capacidades físicas y una alteración de las aptitudes debido a un sobrecalentamiento corporal. Estas pérdidas son variables en función de los individuos, pero desde el principio del esfuerzo tienen repercusiones negativas en la eliminación de los desechos y los procesos digestivos, así como sobre los músculos y los tendones. Es necesario beber, pues, incluso en los esfuerzos de media hora.

Las pérdidas de agua hacen caer el rendimiento

Hace cerca de 30 años, algunos estudios revelaron una conexión entre la pérdida de agua por el esfuerzo (por la transpiración) y la caída del rendimiento. Una disminución del peso del orden del 2 %, lo cual corresponde a una pérdida de 1,4 kg en un sujeto de 70 kg, pero sólo a la de 1 kg en una atleta peso pluma de 50 kg (situación más frecuente de lo que se piensa), provoca un descenso de las capacidades atléticas en un 20 %. Se registra también clásicamente una alteración de las aptitudes en un 30 % para un déficit de agua equivalente al 5 % del peso corporal, o sea 2,5 kg en la misma atleta. Es importante dilucidar lo siguiente: ¿en qué aspectos se manifiesta esta disminución de capacidades? Los estudios iniciales eran poco precisos, y tan sólo mencionaban un descenso de la duración del esfuerzo o una pérdida de velocidad, lo cual en un esfuerzo estandarizado se traduce en un crono menos bueno. Desde 1969, estudios realizados con maratonianos han demostrado que cuanto más elevada era la pérdida de peso en carrera, más aumentaba la temperatura corporal. En definitiva, el déficit de agua no permite luchar eficazmente contra el sobrecalentamiento. Un corredor deficitario en agua se parece, por tanto, a un automóvil cuyo radiador pierde agua. No hay que esperar que pueda ir deprisa.

Repercusiones negativas desde el inicio del esfuerzo

La pérdida hídrica en el esfuerzo depende de numerosos factores. Algunos van ligados al propio individuo. Hay personas que sudan poco, y otras que, con la misma intensidad de esfuerzo, sudan profusamente. Los partidos maratonianos de tenis que disputaron en otro tiempo Borg y Connors ofrecen un buen ejemplo, pues mientras el primero se quedaba tan seco como un trozo de madera, el segundo quedaba tan empapado como una esponja. Otros factores dependen de las condiciones en que se desarrolla el ejercicio: la temperatura exterior, la higrometría, la intensidad del esfuerzo, su duración y las modalidades de rehidratación determinan la amplitud de nuestras pérdidas de agua. Por lo general, una salida de menos de una hora efectuada en un ambiente templado y con una intensidad moderada (o elevada en las condiciones climáticas más favorables) no conduce a un déficit preocupante de agua. Sin embargo, aun antes de que el déficit de agua alcance el nivel fatídico del 2 %, ciertas células padecen ya por esta carencia. Desde que se inicia un esfuerzo, la irrigación de los órganos se modifica en beneficio de los músculos y de la piel, mientras que, por el contrario, el aparato digestivo y los riñones ven cómo se reduce muy sensiblemente su aporte en sangre. Bajo ciertas condiciones puede caer al 10 % de su nivel inicial, y este descenso persiste de 10 minutos a varias horas después de la finalización del ejercicio. Por supuesto, la duración de esta alteración depende de las condiciones en que se haya desarrollado el ejercicio. Otras consecuencias son la peor eliminación de los desechos, que se estancan en ciertas partes como los tendones, y una alteración muy sensible de los procesos digestivos.

Beber incluso para esfuerzos de 30 minutos

El hecho de no beber en el entrenamiento puede propiciar a la larga estas anomalías. Por ejemplo, los cálculos renales se encuentran más frecuentemente en los maratonianos que se hidratan poco o nada en la competición. A nivel de los músculos, y más todavía de los tendones, la pérdida de agua se acompaña con un aumento de rigidez y de fragilidad, lo cual explica que la ausencia de hidratación en el curso del esfuerzo constituya la primera causa de tendinitis. No hay un déficit mínimo a partir del cual sobrevengan estas anomalías. Por tal razón recomendamos, incluso para los esfuerzos de 30 minutos, pensar en proveerse de bebida, preferentemente una solución a base de hidratos de carbono, pues su presencia activa la entrada de agua en los tejidos y preserva mejor el equilibrio celular.

¿Es necesario beber desde el inicio de un esfuerzo?

«¿Se puede beber más tarde en la carrera o es mejor hidratarse desde el inicio de un esfuerzo?»

Cuando las reservas de azúcar del músculo se agotan, éste recurre a la glucosa de la sangre, que alimenta igualmente al cerebro. A partir de entonces, el deportista corre el riesgo de un grave desfallecimiento. Para poder prolongar su esfuerzo, debe beber antes de la hipoglucemia: después, es demasiado tarde. Por tanto, necesita ingerir soluciones energéticas poco concentradas a intervalos regulares, desde los primeros minutos de carrera.

Agotadas sus reservas de azúcar, el músculo recurre a la glucosa de la sangre

En competición, el glucógeno muscular y la glucosa sanguínea contribuyen de igual modo que las grasas corporales a la cobertura de las necesidades energéticas del músculo. Aunque aún se conocen mal los procesos en juego, parece cierto que a medida que se prolonga el esfuerzo, existe una evolución: la glucosa sacada del nivel sanguíneo se convierte poco a poco en una fuente de energía más importante para el músculo. Se atribuye esta evolución a la ralentización progresiva de la degradación del glucógeno cuando se agotan sus depósitos. Imagine que la llegada de gasolina al carburador se reduzca a medida que baje el nivel del depósito... Es exactamente lo mismo que pasa en nuestro organismo. El aporte de glucosa puede compararse entonces a un segundo depósito situado en paralelo sobre su motor. Pero plantea un problema: la glucosa no sirve exclusivamente a los músculos. En el curso del ejercicio, es necesario que continúe aprovisionando al cerebro y a otros tejidos «nobles» como los glóbulos rojos, de modo que, a plazo, amenaza caer la glucemia, lo cual implicará un grave desfallecimiento.

Tomar una bebida azucarada antes de la hipoglucemia

Si se logra impedir la caída de la glucemia o restablecer su nivel inicial, se puede prolongar el ejercicio. Se sabe que si se suministra glucosa antes de la aparición de las señales anunciadoras de hipoglucemia, puede prolongarse un esfuerzo. Por el contrario, una vez instaurada la hipoglucemia, la ingestión de bebidas energéticas, aun muy concentradas, no permite invertir la situación. Por tanto, es necesario aportar hidratos de carbono antes de que la glucemia haya bajado demasiado. Por otra parte, un estudio reciente ha ilustrado todo esto: realizado con ciclistas, el objetivo era ver si el aporte de una dosis masiva de hidratos de carbono 15 minutos antes de la aparición de la hipoglucemia (que se supone se manifiesta entre los 150 y los 180 minutos de ejercicio), permitía prolongar un esfuerzo de manera clara. Este procedimiento permitió efectivamente prolongar el esfuerzo 40 minutos e impedir la hipoglucemia. Estos datos no pueden extrapolarse a la carrera a pie, imaginando una toma masiva de hidratos de carbono después de 90 minutos de esfuerzo. ¿Por qué? Por una parte, porque los problemas digestivos ocasionados por la onda de choque hacen más delicada, en los atletas, la ingestión de grandes cantidades de azúcares. Por otra parte, esperar tanto tiempo antes de ingerir un líquido expone a un riesgo evidente de deshidratación, y a una reducción tan marcada de la irrigación del tubo digestivo que la asimilación de las bebidas ya no podría efectuarse correctamente. Así pues, se aconseja tomar soluciones energéticas poco concentradas a intervalos regulares, desde los primeros minutos de carrera, e ingerir una solución un poco más concentrada después de 1 hora y 15 minutos de carrera, lo cual permitirá, para todas las distancias comprendidas entre el maratón y los 100 km, mantener la tasa sanguínea de glucosa a un nivel óptimo.

¿Es un riesgo beber demasiado durante el esfuerzo?

«El cuerpo médico insiste a los deportistas para que piensen en hidratarse durante el esfuerzo. Sin embargo, ¿no existe riesgo si se bebe demasiado en el curso de una actividad?»

Efectivamente, el deportista que bebe más agua de la que pierde por el sudor, corre un riesgo de intoxicación. Además, si sus bebidas son demasiado pobres en sal, sufrirá una carencia de sodio. Si ingiere un gramo de sal cada dos horas después de dos horas de esfuerzo continuo, y no bebe por encima de sus pérdidas sudorales –una ingestión media de 50 cl/h parece óptima–, el deportista no corre riesgo alguno.

Necesidad de ingerir agua y sal durante el esfuerzo

El contenido de agua en el organismo es un parámetro crucial, que debe ser objeto de un control muy preciso. Cualquier déficit provoca una sensación de sed tendente, por medio de la ingestión apropiada de líquido, a restaurar el volumen circulante. Durante el esfuerzo, la sed no es muy operativa y sobreviene demasiado tarde, lo cual puede conducir a la aparición de un déficit de consecuencias nefastas. Por tal razón los especialistas aconsejan beber muy frecuentemente, sobre todo si hace mucho calor. Hace tiempo se consideraba que el agua pura constituía el único líquido indispensable. Al estimular este procedimiento, se facilitó involuntariamente la aparición de una anomalía ligada a una caída de la tasa de sodio (la sal se compone de cloruro de sodio) en la sangre. Presente en la totalidad de los alimentos (aunque en contenidos muy variables), este mineral casi nunca da lugar a problemas de carencia en los países occidentales. Al contrario, en comparación con los aportes actualmente recomendados, alrededor de 5 g al día, nuestra ración presenta un claro excedente. Afortunadamente el deportista elimina una mayor cantidad de sodio y presenta necesidades crecientes, de modo que la diferencia entre lo que necesita su organismo y lo que su ración le aporta es menor que en los sedentarios.

Una doble intoxicación: demasiada agua y poca sal

A pesar de la generosidad de los aportes alimentarios y de los eficaces procedimientos de retención puestos en marcha a nivel renal, desde hace tiempo se cuestiona el interés eventual de aportes de sodio durante el esfuerzo. ¿Por qué? En condiciones de esfuerzo muy particulares se manifiestan a veces abundantes pérdidas de sodio. Se sabe, sin embargo, que el sudor lo contiene menos que el plasma, sobre todo en un sujeto aclimatado al calor. Por tal motivo, la deshidratación que acompaña a ciertos esfuerzos da lugar más bien a un aumento de la proporción sanguínea de la mayor parte de minerales: se designa a este fenómeno como «hemoconcentración de esfuerzo». Aparece tanto más marcado cuanto más poco se bebe durante el esfuerzo. Esto explica que algunos de los especialistas más destacados hayan juzgado inútil en el pasado incorporar sodio a las bebidas ingeridas durante el esfuerzo. Solamente hace una docena de años que el mundo científico ha señalado los peligros causados por la ingestión de cantidades demasiado grandes de agua durante el esfuerzo, y más particularmente de soluciones pobres en sodio. En 1985 se describieron por primera vez cuatro casos de atletas que habían desarrollado una «hiponatremia» (una caída de la tasa sanguínea de sodio u otras sales), o también «intoxicación por agua», consecutiva a la ingestión de un volumen de bebida que excedía a sus pérdidas por el sudor. Con el tiempo, se ha incrementado la frecuencia del problema: se han multiplicado las observaciones similares al término de maratones, lo cual ha permitido caracterizar a los sujetos «de riesgo». No se trata nunca de corredores de elite, sino más bien de individuos medios que realizan estos esfuerzos en un tiempo de 9 a 11 horas. Conforme con las recomendaciones hechas en estos países por el cuerpo médico, para el cual la deshidratación constituye el peligro número uno, se paraban en cada puesto de avituallamiento para beber, lo cual, teniendo en cuenta su poca velocidad, les llevaba a ingerir más líquido (700 ml/h) del que eliminaban por medio del sudor (menos de 500 ml/h). Además, escogían productos de bajo contenido en sodio, de modo que se producían simultáneamente dos fenómenos: el crecimiento del volumen plasmático y una disminución del número de partículas de sodio presentes en la sangre.

La prevención es sencilla, ya que se resume en dos aspectos: basta añadir un poco de sodio a las bebidas (si no lo contienen en cantidad suficiente), sabiendo que basta un gramo cada dos horas después de dos horas de esfuerzo continuo, y no beber por encima de las pérdidas sudorales. Una ingestión media de 50 cl/h, a matizar según las condiciones climáticas, parece óptima. Así se combaten las dos características de esta anomalía aún marginal en nuestro país, que son, por una parte, el déficit de sodio y, por otra, el exceso de agua. Salvo esta curiosidad, no existe ningún riesgo en beber demasiado... ¡solamente el de orinar a menudo!

Beber para compensar las sudaciones abundantes

«Cuando bebo mucho en el curso de una actividad, y si hace calor, sudo enormemente. ¿Es esto un inconveniente, y cómo evitarlo?»

Tranquilícese: en tanto que beba y sude, el equilibrio térmico de su cuerpo está preservado, y esto es lo esencial. El riesgo es la carencia de agua, lo cual crea un sobrecalentamiento. Para evitarlo, es necesario beber muy regularmente, y lo ideal es ingerir el equivalente al 80 % de las pérdidas en agua.

Termorregulación por el agua

Si hace calor, en tanto que beba y sude, quiere decir que funciona la termorregulación. Lo que hay que temer es más bien la situación en que el cuerpo, demasiado deshidratado, trata de conservar cueste lo que cueste el agua que contiene. En efecto, esta respuesta, que suprime la sudación, compromete la regulación térmica. En una situación de este tipo, la temperatura corporal se eleva muy deprisa y el sobrecalentamiento es una posibilidad amenazadora. Frente a esta real amenaza (que ya ha costado la vida a deportistas que han descuidado su hidratación bajo condiciones extremas), la toma regular de bebidas en el curso de la actividad se ha revelado extremadamente beneficiosa. Así se atenúa la elevación de la temperatura corporal que acompaña al ejercicio. Intervienen dos mecanismos. Por una parte, esta toma de líquido impide la hipertermia manteniendo el volumen plasmático, es decir la fracción líquida de la sangre. Pero esto no es todo: diversos estudios indican que la eliminación de agua que sobreviene a nivel de las glándulas sudoríparas contribuye también a la lucha contra el sobrecalentamiento, gracias a la subsiguiente vaporización del sudor. Por medio de este mecanismo regulador se puede mantener un intercambio térmico superior a nivel de la piel. La sangre se enfría antes de llegar a las partes profundas del cuerpo, lo cual contribuye favorablemente a la protección contra el sobrecalentamiento.

Evaluar las pérdidas de agua para hidratarse bien

Con todo ello, no puede considerarse una hidratación verdaderamente eficaz más que si se conoce precisamente la pérdida de agua consecutiva a un entrenamiento efectuado con calor. Si se dispone de este dato, entonces se podrán compensar las pérdidas de manera óptima, es decir de modo que el déficit ocasionado sea compensado todo lo posible en el curso mismo de la actividad. Lo ideal sería recuperar el 80 % del volumen perdido en el curso de la actividad, y el resto durante la primera hora de recuperación después del ejercicio. Pero, ¿cómo proceder en la práctica?

Pésese antes de efectuar una sesión con calor. La báscula le da Pi. Renueve el procedimiento al regreso, para determinar Pf. Haga la resta (Pf – Pi), súmele el volumen de líquido tomado en el curso de la sesión (V), y esto le da la pérdida total consecutiva a la sesión: $P = Pf - Pi + V$, es decir la diferencia de peso entre la salida y la llegada, más los aportes hídricos. Calcule entonces el 80 % de P: esto le dará la cantidad de agua a consumir durante una salida posterior comparable. Para una sesión de duración semejante, no le quedará más que preparar el volumen de bebida que le servirá de avituallamiento.

Beber Coca-Cola durante el esfuerzo

«¿Qué opina sobre el hábito adquirido por ciertos triatletas consistente en consumir Coca-Cola en el curso de la actividad?»

El flojo contenido en sal de la Coca-Cola puede provocar, en los atletas que sólo consumen esta bebida durante el esfuerzo, una caída de tensión. Además, la Coca-Cola es demasiado rica en azúcares y muy ácida, lo cual puede conducir a problemas gástricos. La cafeína que contiene pasa menos rápido a la sangre que en el caso del té o el café, de modo que su efecto estimulante se debe principalmente a la presencia de hidratos de carbono. Por último, la Coca-Cola es nefasta durante la primera fase de la recuperación, cuando el organismo está deshidratado.

Muy poca sal, con el consiguiente riesgo de caída de tensión

Con respecto a su composición nutritiva, la Coca-Cola forma parte de los «refrescos» y, por tanto, no tiene nada en común con las bebidas llamadas «del esfuerzo», que deben atenerse a una legislación particular, muy drástica en muchos países. Con toda claridad, la presencia de azúcares constituye su único punto común con las bebidas isotónicas. Por otra parte, cuando en 1993 se reunió un grupo de expertos para intentar establecer una legislación europea de las bebidas «del esfuerzo» común a todos los Estados miembros, estos científicos propusieron por unanimidad normas relativas a la presencia de sodio y de vitaminas. El motivo de esta decisión era muy claro: poner obstáculos a Coca-Cola, a la que sus fabricantes intentaban que accediera a la categoría de «bebida de esfuerzo», a pesar de no contener casi ninguna de estas sustancias adicionales. Un litro de Coca-Cola contiene 40 mg de sodio, lo cual es notoriamente insuficiente para compensar las pérdidas que sobrevienen en el ejercicio, especialmente en el caso de esfuerzos de larga duración (triatlones C, ultramaratones). En estas condiciones, beber demasiados líquidos pobres en sal podría favorecer una bajada de la tasa plasmática de sodio (la «natremia»), que condiciona el valor de la tensión arterial. La ingestión abusiva de bebidas pobres en sodio, como la Coca-Cola, puede provocar una caída de tensión muy perjudicial.

Contenido demasiado elevado de azúcar y extrema acidez

La riqueza en azúcar de la Coca-Cola podría constituir una baza para los deportistas, sobre todo con ocasión de esfuerzos de larga duración. Pero la realidad es muy distinta. En efecto, el contenido en azúcar es demasiado elevado y perturba el funcionamiento del tubo digestivo, lo cual puede provocar diarreas, un fenómeno de deshidratación incluso con problemas gástricos en relación con la extrema acidez de este producto. Además, la presencia de un gas, el ácido fosfórico (muy agresivo por su naturaleza acidificante), y la temperatura demasiado baja a la cual se la ingiere a veces, aumentan el riesgo de problema digestivo.

Cafeína asimilada menos deprisa que la del café o del té

¿Qué interés tiene la cafeína de la Coca-Cola en el marco de los esfuerzos de larga duración? Se considera habitualmente que, en comparación con el café o el té, la cafeína contenida en la Coca-Cola pasa más rápidamente a la sangre y alcanza un pico de concentración superior, lo cual, unido a la presencia del azúcar, explicaría el «latigazo» proporcionado por la ingestión de este producto después de 3-4 horas de esfuerzo y en pleno desfallecimiento. Un estudio realizado hace más de 20 años comparó los efectos metabólicos respectivos de estas tres bebidas y refutó el concepto habitual. Se demostró realmente que con la Coca-Cola el pico es más tardío, más progresivo y menos elevado que con el té y el café. El efecto estimulante atribuido clásicamente a Coca-Cola es debido principalmente a la presencia de hidratos de carbono. Por tal razón, la toma de una preparación «del esfuerzo» de composición apropiada al final de carrera se revela muy eficaz. Por el contrario, la asimilación de la cafeína puede perturbar notablemente el sueño de los niños que la consumen por la tarde, en la merienda, o delante de la tele, lo cual debe incitar a la prudencia más extrema con esta bebida.

Una bebida inadecuada para la recuperación

¿Se puede aconsejar la Coca-Cola en el periodo de recuperación? Aunque a algunos campeones se les puede ver con la pequeña botella característica en la meta de una competición, los 30 primeros minutos después del esfuerzo no constituyen el momento más adecuado para beberla. ¿Por qué? Por una parte, porque su carácter extremadamente ácido altera la eliminación de los desechos. Por otra parte, porque esta bebida hipertónica (demasiado concentrada) amenaza, en presencia de un tubo digestivo perturbado por la deshidratación, con provocar problemas intestinales. Además, su contenido demasiado flojo en sodio no permite restaurar rápidamente el volumen plasmático, fenómeno que exige un aporte de sal de 2 a 3 g en 6 horas. Y, como último argumento, la ausencia de potasio ralentiza la restauración del equilibrio celular y la reformación del glucógeno. Por tanto, la ingestión de Coca-Cola no se justifica más que cuando el organismo ya se ha rehidratado, a partir de la sexta hora después del esfuerzo. En efecto, este periodo se muestra propicio a la reformación del glucógeno, y la ingestión de soluciones con hidratos de carbono presenta entonces un verdadero interés. Durante esta primera etapa de recuperación, la toma de hidratos de carbono «rápidos» no expone, por otra parte, a la reformación de grasas de reservas. Sin embargo, con respecto a este proceso, la Coca-Cola no parece preferible a los zumos de frutas o a las bebidas energéticas, y se puede prescindir completamente de ella sin problema: ¡no es mejor ni peor que ellas!

Beber alcohol antes del esfuerzo

«¿Es nefasto el consumo de alcohol antes de un esfuerzo?»

El consumo de alcohol antes de un esfuerzo engendra un descenso de rendimiento tanto más claro cuanto mayor sea la cantidad de alcohol ingerida. En efecto, el alcohol entorpece la contracción muscular y perturba la coordinación gestual. Estos efectos nefastos sobrevienen antes de la sensación de embriaguez. Por tanto, debe prohibirse absolutamente el consumo de alcohol, incluso en pequeñas dosis, antes de un esfuerzo intenso o de una competición.

Un descenso de rendimiento proporcional a la cantidad de alcohol ingerida

Se sabe que el consumo de alcohol afecta a los procesos implicados en el metabolismo aerobio (ligado a la absorción de oxígeno), lo cual puede afectar a los rendimientos en medio fondo y en los deportes de resistencia. Así pues, no es muy buena idea beber antes de ir a correr o a pedalear.

¿Sucede lo mismo en distancias más cortas, en las que la brevedad del esfuerzo plantea límites diferentes, y en las que se ha propuesto desde hace tiempo recurrir al alcohol con objeto de mejorar los cronos? Veamos lo que han observado los científicos al respecto. En un estudio reciente, se pidió a un grupo de atletas australianos de buen nivel (especialistas en los 100, 200, 400 o los 800-1.500 m) que realizaran tests sobre su distancia predilecta en diferentes situaciones: en un caso bebían zumo de naranja antes del esfuerzo, mientras otros ingerían vodka con naranja en contenidos alcohólicos variables. El orden en el cual se efectuaban estos ensayos dependía de una elección aleatoria. Los resultados de este experimento fueron muy significativos: con excepción de los 100 m, no afectados por la toma previa de alcohol, todos los cronos se vieron perjudicados después del consumo de vodka. Además, cuanto mayores fueron las cantidades administradas, más neto fue el descenso de rendimiento.

Efectos nefastos sobre los músculos y la coordinación gestual

El alcohol ejerce diversos efectos nefastos que explican estos rendimientos negativos. Frena, y en ciertos casos bloquea completamente, la eliminación de algunos desechos tales como el ácido láctico, lo cual perjudica el desarrollo de la contracción muscular. Además, el alcohol activa la sudación; expresado de otro modo, una persona se deshidrata más deprisa si se bebe antes del esfuerzo.

Genera igualmente una pérdida parcial de la coordinación gestual (sinónimo de bajada de rendimiento), que influye negativamente sobre el rendimiento. Las dosis que implican una alteración de este proceso son más flojas que las que provocan la embriaguez, estado que se caracteriza por perturbaciones cerebrales bien conocidas por todos.

Su consumo afecta además a la ventilación, es decir a nuestra aptitud para inhalar el oxígeno y enviarlo hacia los tejidos. También aumenta la vasodilatación cutánea. Eso significa que el alcohol desvía más sangre con destino a la piel, en detrimento de los músculos.

Por consiguiente, si beber un vaso de vino en el curso de las comidas forma parte de las costumbres desde ahora no prohibidas por el cuerpo médico, se debe vigilar para adaptar esta medida cuando se practique un deporte: hay que proscribir el alcohol, incluso en pequeñas dosis, antes de un esfuerzo intenso o de una competición.

Beber cerveza después del esfuerzo

«Practicando el cicloturismo, he cogido la costumbre, al igual que mis compañeros de entrenamiento, de beber una buena cerveza después de una salida larga, a fin de recuperarme mejor. ¿Se trata de una buena costumbre?»

Beber cerveza después del esfuerzo no es una buena costumbre: sus propiedades diuréticas no pueden más que agravar las pérdidas de agua del organismo, es muy pobre en sal, mientras el cuerpo la necesita, y el alcohol que contiene perturba los mecanismos de restauración de la tasa de azúcar en la sangre.

El mito del carácter beneficioso de la cerveza

El supuesto carácter beneficioso de la cerveza forma parte de los mitos ampliamente extendidos en el medio deportivo, sin duda porque hay muchos aficionados al lúpulo, y porque el consumo de esta bebida débilmente alcohólica goza de una complacencia superior, en este medio, a la de otras bebidas alcohólicas. Éstas se hallan afectadas por una connotación más negativa, aun cuando la imagen del vino ha tendido a mejorar durante estos últimos años, especialmente gracias a los descubrimientos de los científicos, que han demostrado las virtudes del vino tinto tomado en cantidades moderadas. En cualquier caso, se presenta a la cerveza como una panacea después del esfuerzo, y esto es justo si quien no la bebe en este momento no sufre un handicap, en comparación con otros que beben uno o dos botellines tan pronto como echan pie a tierra. Pero esta concepción es como mínimo errónea.

Propiedades diuréticas inoportunas

La cerveza posee propiedades diuréticas que se expresan difícilmente después de un esfuerzo prolongado o intensivo, ya que el organismo pone en marcha procesos de conservación del agua que prosiguen mientras el volumen hídrico corporal no esté restablecido. Además, un deportista deshidratado no se pone a orinar si ingiere una cerveza: necesita a veces 5 o 6 cervezas seguidas para satisfacer las necesidades del control antidoping, y en este caso es simplemente el excedente de líquido el que debe ser cuestionado. De cualquier manera, ha de reconsiderarse el principio mismo de esta opinión tan extendida: ¿es verdaderamente conveniente buscar una bebida diurética en el momento en que las reservas hídricas del organismo están mermadas? En teoría, esto puede agravar este déficit. No olvidemos que la prioridad del organismo, tan pronto como concluye el esfuerzo, es restablecer el volumen plasmático (la parte líquida de la sangre). Una vez alcanzado este objetivo, pueden comenzar a funcionar las virtudes diuréticas de ciertas bebidas. Por tanto, será en una segunda fase cuando la cerveza podrá revelarse eficaz y ayudará a eliminar ciertos desechos formados durante el esfuerzo.

Extrema pobreza en sal

Esta bebida se caracteriza además por su extrema pobreza en sal, que no tiene parangón más que con la Coca-Cola. ¿Le confiere esta particularidad una superioridad con respecto a otras bebidas? No, por dos razones. En primer lugar, el aporte de sodio es conveniente en la fase de recuperación, pues permite restaurar más rápidamente el volumen plasmático, y a veces incluso alcanzar un nivel superior al que se observaba antes del esfuerzo. Independientemente del beneficio sobre el sistema circulatorio (se dispone de una sangre más fluida), esto presenta una ventaja evidente: la solubilización de los desechos se opera más fácilmente. Esta disminución del riesgo de cristalización, especialmente a nivel renal, se manifiesta a plazo tan importante como la rapidez de eliminación de los desechos. Pobre en sal, la cerveza no permite que sobrevenga este fenómeno. En realidad, a pesar de las propiedades diuréticas demostradas en reposo en un sujeto normalmente hidratado, la cerveza en absoluto permite una recuperación mejor que con una bebida energética apropiada. Por tanto, no constituye la elección más adecuada inmediatamente después de un ejercicio.

Un aporte de alcohol nefasto

Más allá de la cuestión de un eventual efecto diurético en la fase de recuperación, es posible preguntarse también acerca de lo bien fundado del aporte de alcohol etílico inmediatamente después de un esfuerzo. Rápidamente absorbida, llegando más deprisa al cerebro que cuando se la bebe en el curso de una comida, ¿afecta la cerveza más pronto a las funciones cerebrales que si se la ingiere en reposo? Depende mucho de los individuos. Por el contrario, lo que sí es general es que el alcohol perturba el metabolismo y la aptitud del organismo para restablecer la glucemia. Por todas estas razones, y a pesar de un contenido vitamínico y de hidratos de carbono que podría considerarse interesante, la cerveza no parece casi nada recomendable después de un esfuerzo. Es mejor dejar pasar algunas horas para aprovechar sus beneficios y saborearla sin preocupación.

4

ALIMENTACIÓN EN EL CURSO DE LA ACTIVIDAD. COMPETICIONES

La última comida antes de una competición

«¿De qué debería componerse la última comida tomada antes de una competición? ¿Debería variar su contenido según los horarios de la prueba?»

Esta última comida debe estar compuesta esencialmente por hidratos de carbono lentos (pastas, arroz, sémola, cereales integrales). Es necesario evitar los hidratos de carbono simples (zumos de fruta, Coca-Cola) y las grasas (carnes, pescados azules, huevos, quesos, chocolate). Se pueden comer proteínas (yogur o jamón magro) y beber un café, no más. El contenido de esta última comida no varía apenas según los horarios de la prueba; lo importante es que tenga lugar alrededor de tres horas antes del esfuerzo.

Hidratos de carbono lentos en vez de simples

En todos los casos, la última comida debe respetar siempre los mismos principios: ha de saciar el hambre o la impresión de «estómago vacío» (no es exactamente lo mismo), que puede desestabilizar al deportista. También debe prevenir la hipoglucemia y todo su cortejo de síntomas (piernas flojas, falta de dinamismo y torpeza), que una mala gestión de estrés puede agravar. Una idea básica: ¡tener hambre en la salida de una competición es siempre mala señal!

Desde un punto de vista científico, todo el problema radica en saturar el glucógeno del hígado, que proporciona glucosa a la sangre, e impedir cualquier fluctuación intempestiva de la glucemia (tasa de azúcar en la sangre). A este respecto, se debe evitar absolutamente ingerir muchos hidratos de carbono «simples», pues entonces la glucemia amenazaría caer al cabo de 60 a 90 minutos. No existe peor opción que la que consiste en ingerir un litro de zumo de naranja o de Coca-Cola una hora antes de la salida, incluso si el aporte de hidratos de carbono así realizado (60 a 80 g) corresponde a casi lo que recomiendan los especialistas para la última comida. A la inversa, los hidratos de carbono «lentos» deben constituir lo esencial.

Tres horas al menos antes del esfuerzo

Es esencial dejar pasar un tiempo suficiente entre el final de esta comida y el inicio del esfuerzo. En efecto, la naturaleza del proceso puesto en marcha por la ingestión de hidratos de carbono y la inminencia del esfuerzo podrían perturbar la asimilación de la glucosa y la estabilización de la glucemia. Los nutricionistas han podido constatar que dejando un tiempo de tres horas entre la toma de alimento y la actividad se minimizan estos inconvenientes, y en consecuencia aconsejan atenerse a este principio. Esta separación puede acortarse, no obstante, hasta 2 h 30 m en caso de salida matinal o de esfuerzo de larga duración (y por tanto menos intenso), pero también podrá, por el contrario, alargarse hasta 4 horas cuando reine un fuerte calor. ¿Por qué estas matizaciones? En todos los casos se trata de privilegiar la «comodidad digestiva», es decir proceder de tal modo que la digestión no se sobreponga a la actividad muscular, teniendo en cuenta la competencia que pueda existir entre los músculos y las vísceras en el aspecto circulatorio. Ese conflicto conduciría finalmente a la vez a problemas gastrointestinales y a una debilidad muscular perjudiciales.

Nada de fibras, carne, pescado azul, mariscos ni grasas

También se debe poner especial cuidado en la elección de los alimentos y de las bebidas que se ingieren en el curso de esta comida. Así, los alimentos ricos en fibras (frutas, hortalizas aliñadas, legumbres secas, cereales integrales) favorecen notablemente las perturbaciones. Los dolores de vientre que aparecen al cabo de 20 minutos de esfuerzos pueden provenir muy bien de las zanahorias ralladas o de los garbanzos ingeridos pocos instantes antes de los tallarines. Además, también deben excluirse la carne, los pescados azules, los mariscos (que pueden tardar de 4 a 9 horas para solamente abandonar el estómago), y las grasas en general (salvo la mantequilla, cuya composición de lípidos hace que se digiera más pronto). Es necesario evitar también el queso, los huevos, los croissants, los bollos, la pasta de almendras o las barras chocolateadas. En las competiciones de carreras a pie de larga distancia (20 km y más), en las cuales la acumulación de ondas de choque en cada impacto del pie sobre el suelo agrava las anomalías digestivas, la leche y a veces incluso el pan fresco (proclive a fermentar) pueden dar lugar a dolores de vientre. Por precaución, se reducirá la ingestión de estos alimentos en el curso de la última comida.

Poco café y mucha pasta, arroz, pan, sémola, barras energéticas

Hay que señalar la probable responsabilidad de la cafeína en la aparición de problemas gástricos, debido a su aptitud para liberar los jugos digestivos, muy corrosivos. Por tanto, se procurará no abusar antes de la salida y se ingerirá, como mucho, la cantidad habitual. Se preferirán a nivel alimenticio los hidratos de carbono lentos: pasta, arroz, pan, sémola y barras energéticas, dependiendo la opción de los gustos y del horario de salida. Pero nada se opone, si se tiene apetito, a la ingestión de un plato de pasta a las 5 de la mañana, siempre que no se añada salsa boloñesa ni queso. La asociación con proteínas (yogur o jamón magro para una comida al mediodía) completará ventajosamente el aporte glucídico.

También es posible inclinarse por alimentos especialmente concebidos para la última comida, sólidos o líquidos. Algunas personas, inquietas ante el poco volumen de ciertas preparaciones, añaden un poco de arroz o de pasta (ver abajo).

- *Opción clásica (6 h 00):*

– un tazón de «corn flakes», un yogur desnatado y una cucharada de fructosa (45-50 g de hidratos de carbono),

– tres «biscottes», 30 g de miel y un café (40 g de hidratos de carbono).

TOTAL: 85-90 g de hidratos de carbono.

- *Opción «competición a las 17 h 00»:*

– un plato de pasta (60 g de hidratos de carbono),

– una loncha de jamón magro (proteínas),

– 40 g de pan (20 g de hidratos de carbono),

– 25 cl de bebida energética (20 g de hidratos de carbono),

– un yogur y una cucharada de fructosa (15 g de hidratos de carbono).

TOTAL: 115 g de hidratos de carbono.

La ración de espera

«Se oye hablar frecuentemente de «ración de espera». ¿En qué se diferencia de la última comida, para qué sirve, y cuál ha de ser su composición?»

La ración de espera expresa los aportes nutritivos entre la última comida y el inicio del esfuerzo, periodo corto (tres horas) y de tensión, en el curso del cual se consume glucosa sanguínea. Para evitar la hipoglucemia, basta consumir a intervalos regulares una bebida con glucosa o fructosa. (Entonces ya es demasiado tarde para aumentar las reservas de glucógeno de los músculos.)

Reservas de glucógeno formadas la víspera o la antevíspera

La noción de «ración de espera» fue inventada a finales de los años 1960 por el profesor Creff para designar lo que nuestro organismo necesita entre la última comida y el inicio del ejercicio, corto periodo de fuerte estrés. En el ánimo de muchos deportistas, la última comida es también la última ocasión para constituir las reservas energéticas, principalmente el glucógeno, forma bajo la cual se almacenan los hidratos de carbono, o glúcidos, en nuestros músculos, y con tal objetivo algunos no dudan en ingerir voluminosas porciones en la última toma de alimento efectuada antes del esfuerzo. Sin embargo, nada justifica esta elección: la demora que requiere la digestión, el paso a la sangre y la integración en las cadenas de glucógeno de los hidratos de carbono entregados por los alimentos excede esta clásica demora llamada «de las tres horas». Se considera de hecho que la última ocasión para incrementar las reservas de glucógeno del músculo se sitúa en la noche de la víspera, e incluso es un periodo menos propicio para la formación de reservas que el correspondiente a la antevíspera de la prueba.

La última comida permite mantener la glucemia a buen nivel

Aunque su contribución a los procesos energéticos sea de poca importancia, la última comida no deja de ser útil. Existe, en efecto, otro lugar de almacenamiento de los hidratos de carbono en nuestro organismo: el hígado. Pero, contrariamente a las reservas musculares, exclusivamente movilizadas con ocasión de un esfuerzo, el «super» del hígado ofrece una puesta en circulación permanente entre las comidas. ¿Con qué objeto? Libera glucosa en la sangre para reemplazar la que va siendo consumida por los tejidos que la captan a fin de poder funcionar de manera óptima. Por tanto, estos órganos dependen totalmente del azúcar procedente de la sangre. Entre ellos figura especialmente el cerebro, lo cual significa que la vigilancia y la coordinación no son posibles más que cuando la glucemia se sitúa a un nivel suficiente, o expresado de otro modo, solamente cuando el hígado dispone de reservas correctas. Sin embargo, la autonomía de este «depósito» es notablemente inferior a la de los músculos. Por otra parte, podría sobrevenir muy rápidamente una disminución de la disponibilidad de glucosa en aquel que realiza un esfuerzo en ayunas desde la víspera por la noche y omite el desayuno. La comida consumida tres horas antes del esfuerzo permite rehacer el nivel del glucógeno hepático y tiende a impedir el agotamiento de esta única fuente de energía de nuestras neuronas.

Hipoglucemia debida al estrés

¿Es suficiente, por tanto, comer hidratos de carbono tres horas antes del esfuerzo para prevenir cualquier riesgo de hipoglucemia? No, y esto es lo que motiva la existencia de la «ración de espera». En efecto, diversos agentes pueden activar la entrada de la glucosa en los tejidos o, por el contrario, activar su movilización a partir del hígado. Veamos el caso del estrés. Esta reacción de alerta específica se caracteriza por la circulación de unas moléculas muy particulares, las «hormonas del estrés»: la adrenalina y la noradrenalina. Su liberación abundante en un contexto de fuerte connotación emocional conduce a una escisión del glucógeno del hígado y a su puesta en circulación. Entonces, en un primer momento, se observa una hiperglucemia. Si no va acompañada por un esfuerzo, no hay incremento de utilización de este azúcar súbitamente presente. Se produce entonces una respuesta correctiva: otra sustancia, la insulina, se libera en mayor cantidad bajo el efecto de esta hiperglucemia. ¿Qué pasa entonces? Favorece la entrada de la glucosa en el conjunto de los tejidos, de modo que la glucosa inicialmente almacenada para uso exclusivo del cerebro se desviará, y este tejido «noble» no recibirá toda la que necesita. Mal abastecido, se alterará su funcionamiento, con el resultado de una caída de concentración, una disminución de la vigilancia, y una sensación de letargo y apatía. Eso alterará evidentemente el desarrollo de la actividad subsiguiente, tanto si se trata de un esfuerzo con predominio físico como de un ejercicio más bien cerebral, tal como el pilotaje, el tiro o el golf.

La ración de espera

Para prevenir los riesgos de hipoglucemia, es suficiente aportar a intervalos regulares, entre la última comida y el inicio de la actividad, una bebida energética con hidratos de carbono. Este aporte permite mantener la glucemia a nivel correcto, a pesar de las descargas de adrenalina y de insulina. Pero este tipo de bebida no puede considerarse más que si el esfuerzo a realizar seguidamente no excede de una hora. En efecto, si se trata de un ejercicio prolongado, la ingestión repetida de glucosa dará lugar a una tasa de insulina crónicamente elevada. Sin embargo, esto puede bloquear la movilización de las grasas, lo cual es perjudicial en el marco de los deportes de resistencia, en los cuales las competiciones pueden durar a veces varias horas. En estos casos es mejor suministrar al organismo una bebida con fructosa. Este azúcar se singulariza por el hecho de que su ingestión no da lugar a ninguna liberación de insulina. Se puede asegurar, por tanto, la estabilidad de la glucemia sin modificar la naturaleza de la mezcla utilizada por los músculos en el curso del esfuerzo. En ambos casos, se optará por aportes de 10 a 15 cl cada 20 o 30 minutos durante las tres últimas horas antes de la competición. Desde el inicio del calentamiento, se la reemplazará por una bebida de esfuerzo corriente.

La última comida y el medio tiempo de los deportes de equipo

«Entreno a un equipo de fútbol aficionado. ¿Qué recomienda ingerir en el curso de la última comida y en el medio tiempo?»

La última comida deberá componerse de azúcares lentos y de unas pocas proteínas. Entre esta comida y el inicio del calentamiento, será necesario consumir regularmente una bebida con fructosa. Diez minutos antes del comienzo del partido, se tomará alrededor de 30 cl de una bebida energética, y se beberá de nuevo otro tanto en el medio tiempo para rehidratarse.

La deshidratación

El problema de la cercanía de los partidos no es exclusivo del fútbol, sino que concierne también al conjunto de los deportes de equipo (balonmano, voleibol, hockey, baloncesto) que imponen secuencias de esfuerzo muy intensas, en el curso de las cuales se gasta mucha energía sin que se pueda realizar un aporte hídrico y energético compensatorio. No obstante, éste es necesario. Efectivamente, incluso si se disputa con una temperatura benigna (cercana a los 10 °C), un encuentro de fútbol puede ocasionar la pérdida de más de 1,5 l de agua por el sudor. Es fácil imaginarse que las pérdidas son todavía superiores en los partidos disputados cuando hace mucho calor, o en competiciones que se desarrollan en pabellones atestados, que se saturan pronto de vapor, como es el caso del baloncesto o del balonmano. Es absolutamente necesario compensar una parte de estas pérdidas en el medio tiempo. En los deportes de sala cada paso por el banquillo constituye también una buena ocasión para rehidratarse antes de volver al terreno de juego.

La última comida y las bebidas subsiguientes proporcionan la glucosa sanguínea

Estudios recientes indican que una novena parte del tiempo de juego de los futbolistas consiste en sprints y aceleraciones, lo cual significa que esta disciplina se caracteriza por un abundante gasto energético, y especialmente por una combustión muy importante de hidratos de carbono. En el baloncesto y el balonmano, la proporción de esfuerzos muy intensos es todavía probablemente superior. Estos hidratos de carbono utilizados por los músculos provienen principalmente de las reservas corporales, elaboradas gracias a los aportes alimentarios de las últimas 72 horas. Los jugadores que, al principio del partido, disponen de reservas de glucógeno más abundantes consiguen conservar lucidez, coordinación, fuerza y velocidad durante más tiempo en el curso del encuentro. El resto de los hidratos de carbono consumidos por los músculos sale de la glucosa disponible a nivel sanguíneo. Y esta última proviene de la asimilación de los alimentos aportados en el curso de la última comida y de las bebidas energéticas consumidas desde el calentamiento y en el medio tiempo.

¿Cómo proceder en la práctica?

- La víspera y la antevíspera se pedirá a los jugadores que aumenten su ingestión de hidratos de carbono, o sea de arroz, pasta, patatas, sémola o pan. A semejanza de los maratonianos o de los ciclistas, deberán procurar consumirlos en cada comida.
- La última comida aportará un complemento de hidratos de carbono, pero deberá estar compuesta de tal manera que no ocasione problemas digestivos durante el partido, ni perturbe la tasa de azúcar en la sangre. Una porción de arroz o de pasta y un yogur o incluso una parte de pastel de arroz o de sémola, seguida de un zumo de fruta y de algunas galletas con miel, serán suficientes.
- Entre esta comida, acabada preferentemente tres horas antes del saque de centro, y el inicio del calentamiento, será necesario optar por una «ración de espera» (ver pregunta anterior).
- Luego, desde que los jugadores comienzan a correr, podrán optar por una bebida energética, que ofrece la doble ventaja de permitir una asimilación más rápida del agua que recibe y asegurar el mantenimiento de la glucemia. Será necesario beber alrededor de 30 cl diez minutos antes del inicio del partido, de modo que se asegure una disponibilidad máxima de energía durante el primer cuarto de hora. Se beberá de nuevo otro tanto en el medio tiempo. Por otra parte, las bebidas energéticas ofrecen la ventaja de contener un poco de sal, lo cual permitirá a la vez prevenir el riesgo de calambres y facilitar la asimilación de las bebidas.
- Una vez acabado el partido, se iniciará la recuperación con la ingestión de 30 a 50 cl de bebida, si es posible rica en azúcares y que incluya bicarbonato, el cual facilitará la eliminación y el reciclado de los desechos formados en el curso del partido. Beber la mitad de zumo de fruta y la mitad de agua con gas también es conveniente.

Los torneos

«Practico el voleibol, y cuando llega el buen tiempo me dedico al volley de playa, cuyas competiciones se desarrollan bajo forma de torneos que ocupan gran parte de la jornada. ¿Cómo conseguir alimentarse en estas condiciones?»

Dos a tres días antes del torneo, es necesario adoptar un régimen muy rico en hidratos de carbono lentos (pasta, arroz, sémola, pan) y limitar sus actividades físicas de manera que se formen reservas máximas.

El día D, después de un desayuno abundante, se procurará beber durante toda la jornada una bebida azucarada y agua, y consumir alimentos sólidos (frutos secos, barras energéticas, yogures líquidos) de vez en cuando. Hay que proscribir las carnes, las grasas y el alcohol.

Constituir suficientes reservas por anticipado

El problema dietético planteado por los torneos radica en la doble faceta constituida por el encadenamiento de esfuerzos breves e intensos y por pausas a menudo demasiado cortas para permitir alimentarse suficiente y convenientemente. Así, por más que se prevea, estas jornadas se caracterizan por un estado de déficit calórico más o menos importante. Y esto es válido para todos los otros deportes, ya que, en un momento dado de la temporada, sus adeptos se encuentan participando en torneos. Por tanto, la estrategia debe consistir en constituir por anticipado suficientes reservas, o sea un «excedente» que vendrá a compensar el déficit observado el día del torneo, y a evitar descensos bruscos de régimen, debidos a una disminución de la disponibilidad de energía, a una fatiga prematura o a una sensación de hambre penalizadora. Así pues, es necesario adaptarse a diversas facetas, algunas de las cuales son evidentemente antagónicas. Entonces, ¿cómo proceder?

2-3 días antes del torneo, un régimen rico en hidratos de carbono y poca actividad

Veremos el caso más difícil a título de ejemplo, el de encuentros que se encadenan con una separación inferior a dos horas, es decir demasiado corta para autorizar la ingestión de una verdadera comida a mediodía.

Al igual que sucede con otras pruebas, el éxito puede decidirse 2-3 días antes del torneo. En efecto, es necesario que, durante estas 48 a 72 horas, los jugadores sigan un régimen muy rico en hidratos de carbono, similar al que practican los maratonianos poco antes de disputar su prueba. La pasta, el arroz, las patatas, la sémola figurarán en cada menú, con acompañamiento de porciones abundantes de pan. Simultáneamente, los jugadores reducirán su actividad física, de manera que se facilite la obtención de reservas máximas, que serán muy útiles en la semifinal o la final, mientras los depósitos de sus adversarios, incluso los de superior categoría, estarán casi secos. Se debe subrayar que, a igual nivel, quienes se han alimentado más adecuadamente los días anteriores, poseen mayores probabilidades de éxito.

El día D, un desayuno abundante, alimentos energéticos y agua

- El día del torneo, cualquiera que sea el horario para levantarse, será absolutamente necesario tomar un desayuno abundante; a base de arroz o pasta o pastel de sémola, yogur, cereales, pan o galletas, miel, jamón o huevo pasado por agua, y zumo de fruta. Su ingestión concluirá de dos horas y media a tres horas antes del comienzo del partido. Esta comida permitirá disponer de multitud de nutrimentos y aportar lo que por la fuerza de las cosas los jugadores no encuentran en su ración del mediodía, entre dos partidos.
- Desde el calentamiento, a lo largo de los partidos, y durante 30 minutos después de cada uno de ellos, los jugadores deberán procurar ingerir grandes sorbos de bebida energética, a fin de erradicar una parte de las secuelas de la fatiga, frenar la movilización de las reservas y mantener la vigilancia. Después de pasadas dos horas de alternar juego y espera, se deberán aportar además algunos sólidos: frutos secos, barras energéticas, plátanos, yogur para beber, galletas, pan de especias que han de añadirse a las bebidas energéticas y al agua consumida: deberán beberse dos litros como mínimo.
- A media jornada, con ocasión de una pausa un poco más larga, se preverá el aporte de arroz (en ensalada o bajo forma de pastel), o sémola o pasta, acompañadas de un producto lácteo y de zumo de fruta o de una fruta. Se evitarán absolutamente las parrilladas, la charcutería o los fritos, y evidentemente el alcohol, que cuenta con algunos adeptos entre los jugadores, pero que es causa de innegables dificultades en el momento de reanudar el juego, e incluso conduce frecuentemente a eliminaciones sorprendentes.
- Los yogures para beber, el pan de especias (o alajú), las galletas o las barras energéticas se consumirán en el curso de la tarde después de cada partido. Los jugadores continuarán recurriendo a las bebidas energéticas antes de los partidos y durante ellos, y también durante los 30 primeros minutos siguientes al último partido disputado.
- Por último, con afán de recuperación, se preverá tomar un bocadillo de queso, y frutos frescos y secos y un pastelito en el curso de las dos horas siguientes al torneo. En la cena no deberá incluirse carne, para no obstaculizar el proceso de recuperación ni la eliminación de toxinas.

Las pruebas en momentos imprevisibles

«Practico el tenis. Durante los torneos, se sufre a veces una espera de duración imprevisible antes del comienzo del partido. Me pregunto cuál puede ser la mejor manera de alimentarme, dividido entre el temor de haber acabado la comida demasiado pronto y el de empezar el partido en plena digestión. ¿Qué me recomienda que haga?»

Es necesario comer hidratos de carbono complejos (arroz, pasta, etc.) los tres días anteriores al partido, e ingerir una última comida a base de estos mismos alimentos que contenga además un producto lácteo. Seguidamente, para no correr el riesgo de hipoglucemia ni de problemas digestivos, es necesario ingerir a intervalos regulares una bebida energética entre la última comida y el inicio del partido, y por último tomar regularmente una bebida energética y eventualmente sólidos en el curso del encuentro.

Recursos físicos pero también mentales

Lo que caracteriza al tenis, pero también a otras disciplinas como el badminton, es este problema del tiempo muy fluctuante que puede separar a la última comida del inicio del partido. En los torneos, los competidores empiezan su partido cuando se ha terminado el anterior. Sin embargo, según el número de sets vencedores y la puntuación del partido, la espera puede doblarse o triplicarse. ¿Qué consecuencias tiene esto sobre el comportamiento del jugador? Verdaderamente esta actividad exige resistencia, velocidad y fuerza (especialmente en el caso de los jugadores con servicio potente que caracterizan al tenis moderno), pero más todavía sentido de la anticipación, rapidez, concentración... y un partido puede perderse simplemente cuando estas capacidades mentales abandonan a uno de los protagonistas.

Los días anteriores: las reservas de glucógeno y la ausencia de carencias

En lo concerniente a los factores de orden físico tales como la resistencia, la alimentación en los días que preceden al partido juega un rol esencial: la ingestión de raciones ricas en hidratos de carbono, o sea a base de arroz, pasta, sémola, pan o patatas, es indispensable hasta la noche de la víspera del partido. Efectivamente, esto permite saturar las reservas de glucógeno del músculo, o dicho de otro modo los hidratos de carbono que van a servir de carburante en la actividad física. Por otra parte, la diversidad alimentaria, al no excluir ningún grupo de alimentos en el curso de la jornada, contribuirá a la obtención de un buen equilibrio alimentario, que garantizará la ausencia de carencias. En efecto, es suficiente con que falte una vitamina o un mineral para que disminuyan las capacidades físicas, y más aún la recuperación. Así pues, cualquiera que sea su nivel, el tenista deberá optar por una alimentación poco diferente de la de los corredores de fondo o los ciclistas.

El día D: la gestión de la glucemia

Por el contrario, la gestión de los recursos psicológicos se plantea de modo diferente, y sobre todo en un periodo más corto. El elemento crucial que decide si el jugador o la jugadora podrán actuar al máximo de su concentración es la glucemia, o sea la tasa de azúcar en la sangre. ¿Por qué? Porque ésta condiciona el aprovisionamiento de azúcar por parte del cerebro. Por tanto, toda hipoglucemia afecta a la capacidad de concentración. Sin embargo, la glucemia fluctúa de manera más o menos pronunciada en el curso de la jornada. Se eleva después de una comida o de la ingestión de hidratos de carbono (por ejemplo, bajo forma de bebidas energéticas), y puede bajar con mucha rapidez una hora y media después de un aporte masivo de glúcidos, bajo el efecto del estrés (generador de una fuerte perturbación de la glucemia), o si la última toma de hidratos de carbono se ha efectuado demasiado lejos de la actividad. Así, quien deba esperar cuatro horas después de tomar su comida para iniciar un partido de tres horas será realmente un candidato al desfallecimiento. Incluso si en el curso del partido toma bebidas energéticas, fruta, plátano o cereales, para permitir compensar poco a poco el descenso de régimen debido a la hipoglucemia, es mejor intentar prevenir su aparición. Imaginemos un partido muy reñido. Cualquier debilidad en un momento estratégico puede resultar irremediable. ¿Qué hacer entonces?

La ración de espera

Lo ideal consiste en suministrar una bebida con glucosa a intervalos regulares entre la última comida, preferentemente constituida por pasta y un producto lácteo, y el calentamiento. Este procedimiento se denomina la «ración de espera». Su duración puede estar sujeta a fuertes variaciones de un partido a otro, lo cual constituye su particularidad. En función de la temperatura exterior, se contará de 30 a 40 cl de bebida por hora. En el caso particular del tenis, donde se puede perseguir este aporte de glúcidos de manera regular a todo lo largo del partido, la glucosa puede ser conveniente. En otros deportes donde se debe realizar un esfuerzo prolongado continuo, esta elección plantea más problemas, pues la glucosa puede alterar la combustión de las grasas, que representan el segundo componente de la mezcla quemada por los músculos. En este caso, se preferirá la fructosa, que no influye en la naturaleza del carburante utilizado por este tejido. Se encuentra en el comercio bajo forma «pura» o en algunas bebidas «energéticas». El deportista puede elegir la forma comercial que prefiera.

Hambre súbita

«Practico el cicloturismo y de vez en cuando sufro de hambre súbita. ¿A qué se debe y cómo evitarlo?»

Estas hambres súbitas son debidas sin duda a una alimentación inadaptada, insuficientemente rica en azúcar. A continuación del esfuerzo prolongado, el músculo está obligado a recurrir a la glucosa sanguínea, que alimenta especialmente al cerebro. El organismo desencadena entonces una reacción de alerta, el hambre súbita. Para evitarla, es necesario consumir una última comida rica en hidratos de carbono tres horas antes de la actividad, ingerir a intervalos regulares una bebida con fructosa entre esta comida y el calentamiento, y aportar hidratos de carbono de manera regular a todo lo largo del esfuerzo.

Una hipoglucemia ligada a reservas insuficientes de azúcar

El hambre súbita se define como «una sensación de hambre repentina y acuciante, que corresponde a una necesidad orgánica». En el plano fisiológico, se la asocia con la hipoglucemia, es decir con la caída de la tasa de azúcar en la sangre. Es necesario imperativamente satisfacerla con un aporte alimentario, so pena de indisposición. Se presenta frecuentemente en dos situaciones que, por otra parte, pueden hallarse reunidas en el mismo sujeto. Se trata de la emotividad y de la actividad deportiva, a menudo durante un periodo prolongado. En el caso de nuestro cicloturista, el carácter estresante de la actividad parece más bien débil, y es más verosímil que la explicación de la aparición de esta anomalía radique en la combinación de un ejercicio prolongado y de un consumo inadaptado de alimentos. La historia del ciclismo abunda, por otra parte, en anécdotas picarescas de campeones víctimas de hambres súbitas, impulsados a lanzarse como autómatas sobre cualquier comestible al alcance de la mano. El ejemplo más característico es el del corredor de una gran carrera que omite comer bastante antes de la etapa y se avitualla insuficientemente en el curso de la misma.

El cerebro, privado de glucosa, desencadena el hambre súbita

¿Qué se produce exactamente en esta situación? Los músculos utilizan, para producir un esfuerzo, una mezcla de grasas (procedentes de los músculos y de la sangre) y de azúcares, es decir una fracción de las reservas de glucógeno y la glucosa de la sangre. Si embargo, incluso si esta última no cubre más que una débil porción de la energía consumida por el organismo en el curso de la actividad (menos del 10 % contra el 90 % para las grasas y el glucógeno), su desvío hacia los músculos, que en reposo no consumen casi nada, acelerará la caída de la glucemia, es decir, la caída del azúcar disponible a nivel sanguíneo. Este último constituye el único carburante del cerebro y de otros órganos como los glóbulos rojos, y la repentina privación de azúcares, en particular a nivel del cerebro, se contempla como una agresión. Desencadenará una reacción de alerta, la sensación de hambre que se manifiesta súbitamente, y que tiene una lógica evidente: al estimular la ingestión de alimentos azucarados, propicia que la víctima del hambre eleve su disponibilidad de azúcares y restaure el buen aprovisionamiento del cerebro.

Prevenir la hipoglucemia

Hay tres precauciones dietéticas que pueden prevenir completamente la aparición del hambre súbita:

- La primera es consumir una última comida rica en hidratos de carbono tres horas antes de la actividad. Un plato de pasta seguido de un yogur, o cereales, pan, miel y un producto lácteo, o incluso un pastel de arroz, galletas y miel constituyen buenos ejemplos.
- La segunda consiste en ingerir a intervalos regulares una bebida con fructosa entre esta última comida y el calentamiento. A esta toma fraccionada se la designa con el término de «ración de espera» (ver pregunta anterior).
- La última consiste en aportar hidratos de carbono de manera regular durante toda la actividad, desde el inicio de ésta, y no solamente cuando comienza a manifestarse el hambre, lo cual evidentemente sería demasiado tarde. De medio a tres cuartos de litro de bebida energética por hora, uno a dos dulces de frutas y barras de cereales por hora, y una porción de pastel de arroz cada dos horas subvendrán completamente a las necesidades de hidratos de carbono, incluidos los esfuerzos de 4-5 horas. Por el contrario, desde el momento en que interrumpe este aporte, aunque sea sólo durante un espacio tan corto de tiempo como son 30 minutos, precipita la aparición del hambre súbita. ¡Pregúntenle a Laurent Jalabert cómo perdió la Vuelta Ciclista a España en 1996!

El abastecimiento en una excursión de cicloturismo

«¿Qué abastecimiento se ha de llevar en el morral para una excursión de cicloturismo de más de 5 horas?»

Los alimentos deben ser ricos en azúcar y digestibles. Por tanto, será necesario elegir entre las barras energéticas, los dulces de frutas, los frutos secos, el pan de especias, el pastel de arroz o de sémola, los flanes, los panecillos con queso o la confitura. En caso de pausa al mediodía, se podrá comer arroz o pastas, jamón sin grasa, bocaditos de tarta de jamón, pollo o pescado, yogures, tartaletas... pero sobre todo nada de alimentos ricos en grasas o en fibras.

Evitar los alimentos ricos en grasas y en fibras

No hay que desdeñar la importancia del gasto energético ocasionado por una salida ciclista larga, incluso si se desarrolla a ritmo menos elevado que el de los ciclistas profesionales o los triatletas. Exige una dietética apropiada antes del esfuerzo, así como modalidades de abastecimiento que cumplan reglas bien precisas. Se tratará, por tanto, de renovar el aporte de azúcares a las células, tanto a las del músculo como a las del cerebro, de los riñones o del sistema inmunitario (que si no, podrían padecer gravemente de este déficit), minimizando el riesgo de problemas gastrointestinales, tan frecuentes en el curso de la actividad, y más especialmente cuando ésta se prolonga más allá de varias horas. En un deporte como la carrera a pie, la existencia de una onda de choque en cada impacto del pie sobre el suelo perturba notablemente la asimilación de los nutrientes aportados por el abastecimiento. Este problema no se plantea en el caso del ciclismo, pero una posible deshidratación puede obstaculizar los procesos digestivos. Eso impide ingerir cualquier cosa sobre el sillín. Los alimentos ricos en grasas como el queso, el paté, la carne, el chocolate, incluso la pasta de almendras (que para algunos ciclistas tiene mejor imagen que los otros alimentos citados) deben evitarse todo lo posible. Los frutos crudos y los alimentos ricos en fibras comparten también parcialmente la responsabilidad de estos problemas, y por tanto se evitará su consumo durante una salida ciclista, o en la pausa prevista al mediodía entre las dos semijornadas.

Privilegiar los alimentos y las bebidas con hidratos de carbono

A semejanza de un automóvil cuyo depósito es prudente llenarlo la víspera de un viaje, lo esencial de la energía que consumen los músculos del cicloturista en su salida, proviene de lo que ha almacenado durante las 24-48 horas anteriores. El aporte efectuado en el curso de la jornada interviene simplemente para compensar lo que se haya consumido, así como para asegurar el mantenimiento de la glucemia (la tasa de azúcar de la sangre) y para combatir el hambre. Deberá ser objeto de una asimilación rápida y no provocar hastío ni asco. Por tanto, será necesario privilegiar los alimentos y las bebidas con hidratos de carbono, recurriendo, entre las múltiples elecciones posibles, a las más apreciadas por el cicloturista. Escogerá entre las ineludibles barras energéticas, los dulces de frutas, los frutos secos, el pan de especias, el pastel de arroz y de sémola, los flanes, los panecillos con queso o la confitura. Se trata de la casi totalidad de opciones propuestas a los ciclistas profesionales en sus avituallamientos.

La pausa del mediodía

Si además prevé una pausa corta al mediodía, ingiera arroz o pasta, jamón sin grasa o bocaditos de pechuga de pollo, o incluso un poco de pescado, frutas (vigilando que estén sanas y bien lavadas, de manera que se evite todo riesgo de infección intestinal), yogures, tartaletas, pero evite absolutamente las pausas gastronómicas y demasiado rociadas que le hundirán ineludiblemente en las angustias de las piernas flojas y de los intestinos alterados. Hay que abstenerse, por ejemplo, de comer sardinas o caballa, frecuentes compañeros de los picnics, pero que exigen más de siete horas para ser digeridos, así como la ensalada de arenques y patatas. Debe evitar también la carne, las legumbres ricas en fibras, las patatas chips o las porciones grandes de queso. Algunos tipos de quesos, como el roquefort y el camembert, requieren más de diez horas para digerirlos por completo. ¡Imagine el efecto de una «fondue» de queso con vino blanco y kirsch antes de la excursión vespertina! También deberán evitarse absolutamente los fritos, las salsas y la mayonesa en la pausa del mediodía, por las mismas razones evidentes. En realidad, será necesario esperar a haber finalizado su excursión para diversificar de nuevo totalmente su alimentación, y poder disfrutar de una comida copiosa.

La jornada de golf

«Practico el golf. ¿Qué comer durante una jornada pasada sobre los greens?»

Tres horas antes del inicio del torneo, se tomará una comida rica en hidratos de carbono lentos (arroz, pasta, cereales), incluyendo un producto lácteo desnatado. Se podrá añadir un poco de verdura cruda, ave, pescado o carne magra, o una fruta. Entre esta última comida y el comienzo del torneo, se tomará una bebida con fructosa, y a lo largo del recorrido se ingerirán regularmente pequeñas cantidades de hidratos de carbono (bebida energética, zumo de fruta diluido, frutos secos, barras de cereales), alternando con agua. Si se debe tomar una comida al mediodía, a medio recorrido, se seguirá la misma pauta que por la mañana.

Alimentos que favorezcan la vigilancia

Lo que caracteriza al golf no es ciertamente la intensidad del esfuerzo realizado, que puede compararse como mucho a una marcha activa intercalando largas pausas. No se trata, por otra parte, de una actividad que se recomiende preferentemente cuando se intenta solicitar al corazón a nivel suficiente para prevenir los problemas cardiovasculares, o cuando se desea perder peso. Sin embargo, esto no significa que no exista ninguna obligación en el plano dietético con respecto a esta disciplina. La pregunta que se plantea es ésta: ¿existe un nexo entre vigilancia y alimentación? Evidentemente, sí. Ciertos componentes de nuestra ración garantizan un aporte de energía al cerebro que permite asegurar una concentración perfecta durante largos periodos. Esto no concierne exclusivamente a los golfistas: los practicantes de deportes mecánicos o de disciplinas de destreza, como los tiradores también se enfrentan a este problema, y lo ideal sería que todos adoptasen una estrategia dietética común. Por otra parte, es necesario minimizar el letargo consecutivo a la ingestión de una comida demasiado pesada, del tipo de las que se toman a mediodía antes de volver a sus clubs. Efectivamente, es necesario haber acabado la digestión en el momento de emprender un esfuerzo de cualquier naturaleza (tanto para disputar una carrera de larga distancia como para completar una jornada de golf).

Evitar la hipoglucemia que frena el aporte de azúcar al cerebro

Toda actividad cerebral implica consumo de azúcar, ciertamente no de manera importante, y por ejemplo sin comparación con la que utilizan los músculos, pero este proceso no está exento de incidencias. Además, los mecanismos nerviosos y hormonales ligados al estrés y a la tensión añaden sus efectos. Esto puede contribuir, en cierto plazo, a una caída de la glucemia, es decir, de la tasa de azúcar en la sangre. Cuando ésta sobreviene, las células nerviosas se encuentran poco aprovisionadas de energía, y la vigilancia cae. Para prevenir este mecanismo, es necesario suministrar a las neuronas lo que necesitan, o sea azúcar. Para que esta medida sea eficaz, conviene proceder de la manera siguiente:

- Tres horas antes del inicio del torneo, se ingerirá una comida rica en hidratos de carbono de asimilación lenta, o sea arroz, pasta o cereales, por ejemplo «müesli» si la comida es por la mañana. Se añadirá un poco de verdura cruda o una fruta (en el caso de un desayuno), ya que las fibras que contienen modulan aún más la llegada del azúcar a la sangre y permiten un efecto prolongado de estos hidratos de carbono. Si esta comida se toma al mediodía, se le puede agregar una fuente de proteínas, pero dando preferencia a las de fácil digestión, es decir ave, pescado o carne magra, cuyo flojo contenido en grasas favorezca la digestión. En todos los casos, un producto lácteo desnatado como yogur o queso completará idealmente esta comida, que respeta el principio de «máximo confort digestivo», o sea el conjunto de reglas que minimizan el riesgo de letargo posprandial.

- Entre esta última comida y el comienzo del torneo, consumir una bebida con fructosa. ¿Por qué preferir este glúcido? Simplemente porque su asimilación no ocasiona ninguna perturbación de la glucemia, al contrario que la glucosa o la sacarosa (el azúcar tradicional), cuya ingestión puede causar fenómenos de hipoglucemia «tardía».
- A lo largo de todo el recorrido, ingerir regularmente pequeñas cantidades de hidratos de carbono, bajo forma de bebida energética, zumo de fruta diluido, frutos secos, barras con cereales, alternando con agua según las condiciones climáticas.
- Si debe tomar una comida al mediodía, a medio recorrido, respete las mismas reglas que por la mañana.
- Por la noche compensará las pérdidas de agua ocasionadas por esta jornada de actividad, y podrá tomar una cena sin ninguna restricción particular, siempre que procure respetar el equilibrio alimentario.

La jornada de esquí

«Practicamos el esquí durante nuestras vacaciones de invierno y, en este caso, pasamos todo el día sobre los esquís. ¿Qué nos aconseja comer en estas condiciones?»

Es indispensable comer un desayuno abundante. Se prevendrá un piscolabis a las 11 h y otro 2-3 horas más tarde en caso de necesidad, y sobre todo bebida durante todo el día en las pistas. Si la pausa para el desayuno es una parada temporal, se consumirán hidratos de carbono lentos (arroz, pasta, pastel de arroz o de sémola) o un bocadillo de jamón o de pollo, y un yogur para beber. Si la comida del mediodía cierra la jornada de esquí, no se plantea el problema de la digestión, pero más vale privilegiar el equilibrio alimentario: hortalizas crudas o ensalada, pescado o ave, arroz o pasta, productos lácteos. Las consignas son las mismas para la cena. El consumo de alcohol debe ser moderado.

Comer bien para no tener accidentes

La situación aquí descrita es muy frecuente de diciembre a marzo: la preocupación por aprovechar al máximo la semana de vacaciones invernales y las mejores horas del día para esquiar, conduce a un número apreciable de aficionados a la nieve en polvo a soslayar la comida del mediodía, o a tomar un piscolabis rápidamente cuando, no resistiendo más, acaban por ceder a las demandas de socorro de su estómago vacío. ¿Y qué se puede encontrar a las dos de la tarde en el único snack instalado en la base de las pistas? Nueve de cada diez veces serán salchichas o hamburguesas con patatas fritas, lo cual tardará más de 5 horas en ser digerido...

Las estadísticas indican de modo formal que el segundo día de esquí corresponde al riesgo máximo de lesiones. Independientemente de la falta de preparación previa de la gente de la ciudad que ha hecho poco deporte antes de calzarse las botas, parece ser que una alimentación inadaptada facilita el cúmulo de lesiones que habitualmente se registran en esta jornada negra, con puntas de accidentes hacia las 11 h y las 15 h. Se atribuye la responsabilidad de este fenómeno a la ausencia de un verdadero desayuno. Quienes se contentan con un croissant o una o dos magdalenas con un café, como hacen habitualmente antes de salir para su trabajo, y no están acostumbrados a actividad física o a una exposición prolongada al frío, queman rápidamente este pequeño aporte calórico y desarrollan una hipoglucemia súbita. Poco habituados a esta anomalía, no hacen caso de las señales precursoras y caen bruscamente en una especie de apatía, asociada a un descenso de vigilancia, que son suficientes para provocar una caída grave a los menos hábiles o los más temerarios. De igual modo que en el caso de los conductores peligrosos se procede a la medición de la alcoholemia, sería necesario controlar la glucemia de los esquiadores del domingo...

Un desayuno copioso y agua para beber en los remontes

Un desayuno copioso constituye la primera prioridad: incluyendo una fruta o zumo de fruta, frutos secos, un producto lácteo, porciones abundantes de cereales (pan, müesli, bollo, pastelito de arroz), una bebida caliente y un aporte proteico (jamón, huevo, queso), permite al aficionado al deslizamiento disponer de energía en cantidad suficiente hasta las 11 h, momento que escogerá para ingerir una barra de cereales, un pastelito de almendras o un dulce de fruta. Como previsión, deberá llevar una botellita para beber cada vez que haga cola en el remontador. Un termo colocado en la mochila servirá también para tomar café o té en una merecida pausa. Este aporte de líquido constituye una necesidad imperiosa; efectivamente, incluso si hace mucho frío y no se tiene la impresión de sudar mucho (a pesar del grosor de la vestimenta), en realidad se pierde mucha agua por medio de la respiración. El aire seco de la montaña acentúa la pérdida hídrica bajo forma de vapor. Dado que se trata de una forma de eliminación invisible e insensible, quien omite beber deja instaurarse poco a poco una deshidratación solapada, que es origen, uno o dos días más tarde, de problemas musculares tendinosos o articulares.

La comida del mediodía y la cena

Si se piensa proseguir la actividad entre las 12 y las 13 horas, en el momento en que está mejor la nieve, será necesario renovar la toma de sólidos (barra de cereales o frutos secos), para esperar hasta la pausa del mediodía. Hay dos opciones posibles. La pausa puede ser simplemente un alto temporal antes de volver a calzarse las botas. En este caso, será necesario recargar las baterías sin riesgo de provocar problemas digestivos. Se tratará entonces de consumir preferentemente hidratos de carbono lentos, arroz, pasta, pastel de arroz o de sémola, o sencillamente un bocadillo de jamón magro o de pollo, y un yogur para beber. Se imitará así el avituallamiento de los ciclistas. (Previamente se habrá colocado la comida en la mochila... y la temperatura exterior garantizará la perfecta conservación de los comestibles.) Si con esta comida de mediodía se concluye la sesión de esquí, no se plantea ningún problema digestivo. En este caso, una vez que haya bebido, el deportista podrá componer el menú a su elección, según prefiera el equilibrio alimentario o la escapada (fritos, fondue, carne...), sabiendo que su organismo, más o menos adaptado a la sucesión de esfuerzos que le va a imponer, quizá no tolere esta segunda opción, muy inapropiada: podría haber una secuela de problemas de recuperación, de agujetas, tal vez de lesión. Por tanto, nos parece preferible atenerse a una alimentación próxima a los estándares propuestos a los deportistas de toda clase: hortalizas verdes o ensalada; pescado o ave; arroz o pasta; productos lácteos.

La cena será del mismo estilo, y la ensalada podrá ser sustituida por un potaje, y el plato principal puede ser una pizza o una quiche (tarta con jamón). El consumo de alcohol, especialmente el de alta graduación, deberá ser moderado, y los eventuales descarríos gastronómicos, muy comprensibles durante las vacaciones (¿quién sería capaz de resistirse a una «fondue» o una «raclette»?), serán tan sólo ocasionales si es posible (dos por semana ya serán suficientes). Gracias al conjunto de estas precauciones, que más de un esquiador de alto nivel rehúsa seguir a veces, la semana de deportes de invierno será plenamente satisfactoria. No olvidemos, de todos modos, que quedan otras 52 semanas para comer en buenos restaurantes, pero procurando privilegiar siempre la calidad del esquí, es decir la recuperación, y por tanto la alimentación.

La excursión por la montaña

«¿Qué comer en una excursión por la montaña?»

En lo concerniente a las bebidas, es necesario llevar agua (si no se tiene seguridad de encontrarla en el camino), pero también bebidas energéticas, zumo de frutas, yogures para beber o batido de leche en tetrabrik. Se comerán frutos secos, barras de cereales y chocolateadas, pan de especias, galletas, dulce de frutas, pastelitos de almendras o de arroz. Un termo con agua caliente, y bolsitas de té, de café, de leche y azúcar en polvo constituirán un pequeño lujo muy agradable.

Un avituallamiento energético poco pesado y mucha agua

Una salida de una jornada por la montaña representa, cualquiera que sea el nivel atlético del participante, un gasto energético importante. Además, ciertas limitaciones prácticas, especialmente el peso de los víveres y su volumen, influyen también en su elección. Por otra parte, la altitud y el aislamiento propios de esta actividad limitan muy frecuentemente la posibilidad de renovar los sólidos que se llevan durante la excursión. La falta de agua potable en el itinerario puede ocasionar preocupaciones a veces. En el caso extremo de una autonomía total, hay que calcular con particular precisión lo que se va a llevar. Si hace mucho calor y hay que caminar durante varias horas, se debe llevar agua abundante, hasta tres litros por persona, en especial si no está previsto que en la ruta programada vayamos a encontrar una fuente o un fresco arroyo....

Evitar problemas digestivos

Otro aspecto a tener en cuenta: para gran número de montañeros una excursión por la montaña implica un rito inmutable que es impensable emprender sin el aporte de vino, queso, salchichón y jamón. Y aun cuando no se trate de las elecciones más apropiadas para una excursión, ¿se tiene derecho a condenar esta costumbre, dado que no expone al peligro de la alta montaña, por la simple razón de que va contra los principios dietéticos?

Teniendo esto en cuenta, si se hace abstracción de este aspecto folclórico de la alimentación en la montaña, hay dos aspectos nutritivos que condicionan las elecciones. En principio se debe suministrar la energía requerida para sostener el esfuerzo de la marcha por montaña, y respetar igualmente el confort digestivo, lo cual significa que se debe evitar cualquier alimento susceptible de ocasionar dolores abdominales, hinchazones de vientre, náuseas, diarreas o eructos. Es cierto que este último imperativo no se plantea de manera tan crucial como para el maratón, donde ciertos errores dietéticos pueden provocar verdaderos desangramientos gástricos. Sin embargo, las náuseas y la aerofagia alteran indiscutiblemente el placer de una jornada sobre los senderos y los prados. Y en este caso es seguro que el queso, el vino o el salchichón favorecen la aparición de problemas digestivos tan pronto como se consuman en la segunda mitad de la excursión, salvo si se hace una siesta salvadora inmediatamente después de su ingestión. Por tanto, si no se piensa parar más que el tiempo de una pausa antes de emprender la ascensión de un collado, se utilizarán estos (deliciosos) alimentos con extrema moderación, y lo mejor será reservarlos para una pequeña pausa para un tentempié en la cumbre.

Hidratos de carbono lentos, agua y bebidas energéticas

Si se dedica al excursionismo de montaña de esta manera deportiva, ¿cuáles son los alimentos más convenientes? Es evidente que lo que está adaptado a los alpinistas de elite será perfectamente válido para los excursionistas en plan familiar. ¿Qué proponer? Por supuesto, agua, pero también bebidas energéticas, zumos de frutas, yogures para beber, batidos de leche en tetrabrik, frutos secos, barras de cereales y chocolateadas, pan de especias, galletas, dulces de frutas, pastelitos de almendras o de arroz, gozan de todos los votos favorables, más cuando la mayoría de ellos se beneficia de un tipo de envase que se ajusta bien a las limitaciones del transporte. Un termo con agua caliente, bolsitas de té, de café, de leche y de azúcar en polvo, pueden constituir un «plus», un pequeño lujo, a veces muy agradable cuando una borrasca de viento o una lluvia imprevistas surgen en su excursión, y pueden llegar a helarle los huesos.

Beber durante las sesiones de natación

«Practico la natación, deporte donde no falta el elemento líquido. Sin embargo, mi entrenador me incita a beber frecuentemente en el curso de mis sesiones cotidianas. ¿Para qué sirve esto?»

Efectivamente, es necesario beber una preparación energética en el curso de las sesiones de natación a fin de compensar las pérdidas de azúcar y evitar la deshidratación.

El aporte de hidratos de carbono

En el curso de una actividad física, sobre todo cuando es bastante intensa como la natación practicada en un club, los hidratos de carbono movilizados a partir del músculo no bastan para suministrar la energía consumida por éste, y el aporte se completa con hidratos de carbono sanguíneos. Pero los glúcidos que circulan por la sangre no sirven exclusivamente a los músculos: en el curso del ejercicio, es necesario que continúen avituallando al cerebro y a otros tejidos «nobles» como los glóbulos rojos. En poco tiempo, la glucemia –la tasa de azúcar en la sangre– amenaza con caer, y el funcionamiento de órganos como el cerebro corre el riesgo de verse afectado, provocando una sensación de fatiga. Así pues, el aporte de hidratos de carbono en el curso de la actividad está justificado. Sin embargo, las bebidas energéticas constituyen el modo más práctico de abastecimiento. Ingerir una barra de cereales antes de reanudar una posición horizontal puede dar lugar a manifestaciones de incomodidad digestiva, e incluso obstaculizar el buen desarrollo de la respiración. Por tanto, los líquidos son más adecuados. En consecuencia, será necesario pensar en colocar cerca de la piscina una botella llena de una preparación energética, y beber en cada pausa.

El aporte de agua y de elementos minerales

Las pérdidas energéticas no son las únicas a tener en cuenta. Por curioso que pueda parecer, la natación causa pérdidas hídricas no desdeñables, sobre todo cuando la temperatura del agua se aproxima a los 24 °C o los sobrepasa. Se ha verificado que un nadador podía perder en dos horas, durante una sesión bastante sostenida, más de 500 ml a través del sudor, sólo a nivel del cuero cabelludo. También se disipan elementos minerales en el curso de esta actividad, y será necesario compensar rápidamente estas pérdidas después de la sesión. La absorción de una bebida energética permitirá en todo caso mantener las reservas de líquido corporal. En caso contrario, la sangre se vuelve más densa y la repetición de esfuerzos implica el riesgo de causar una «hemólisis vascular», es decir la destrucción de ciertas partículas encargadas de vehicular el oxígeno en la sangre. Algunos casos de anemia descritos entre los nadadores podrían derivarse así de la ausencia de compensación de las pérdidas hídricas en el curso de las sesiones. Dado que una preparación intensiva puede conducir a varias horas de natación al día, incluso en los jóvenes, es indispensable absorber líquido a título preventivo.

Por último, pueden justificarse ciertos alimentos líquidos. Una práctica de 12 a 14 horas de natación a la semana (a veces en el momento de la comida), con un gasto de 600 a 800 calorías por hora, implica aumento de las necesidades en hidratos de carbono, vitaminas y minerales, que no pueden ser satisfechas recurriendo sólo a una alimentación «normal». Entonces los complementos líquidos energéticos pueden constituir un «plus». Lo ideal será utilizarlos al final de la sesión. De cualquier modo, en un contexto tan delicado, es indispensable una supervisión médica.

Beber durante las sesiones de windsurf

«Practico el windsurf, disciplina en la que las series pueden durar más de una hora, y en el curso de las cuales es extremadamente delicado realizar el aporte de bebida. ¿Qué me aconseja hacer para escapar a los desfallecimientos que suceden a veces?»

El aporte de hidratos de carbono es necesario en el curso de la actividad. Un cinturón que sujete una botella con bebida, provista de un tubo, permite beber sin interrumpir el esfuerzo; si la actividad dura más de dos horas, es igualmente deseable ingerir una barra energética durante un periodo de calma. Para evitar los desfallecimientos en competición, también es necesario comer entre las series alimentos ricos en hidratos de carbono rápidamente asimilables. Por último, una comida equilibrada rica en hidratos de carbono lentos permitirá recuperarse bien después de la prueba.

Durante el esfuerzo

Hace relativamente poco tiempo que se practican competiciones de windsurf. Este deporte ha alcanzado un nivel de exigencia física muy elevado. El trabajo muscular efectuado a nivel de los brazos consume muchos hidratos de carbono, y hay que tener en cuenta que éstos sirven además de carburante para el cerebro. Además, las eventuales caídas involuntarias al agua, frecuentemente fría, favorecen una súbita pérdida calórica, a pesar de los trajes isotérmicos, lo cual contribuye al aumento del gasto energético de la jornada. Por todas estas razones, parece absolutamente indispensable aportar hidratos de carbono en el curso de la actividad. Los problemas prácticos que se plantean pueden resolverse gracias a un artificio técnico utilizado en los medios de las carreras de raids, de fórmula 1 o de escalada: los cinturones con bebida provistos de un tubo. Se colocan alrededor de la cintura, y se hace subir el tubo provisto de una boquilla hasta la boca, y gracias a este montaje, se puede beber de manera regular sin dejar de sujetar la botavara. Como complemento, si hay periodos de calma se puede ingerir una barra de cereales, aunque esto sólo está justificado si la actividad se prolonga más de 60 minutos.

El mediodía, entre dos series de competición

Otro problema que se plantea en esta disciplina es el del avituallamiento entre series. A veces las separa un tiempo muy corto, por lo cual suele ser imposible la ingestión de una verdadera comida al mediodía, por motivos de orden digestivo y metabólico. Si la pausa es inferior a tres horas, se prevendrá un piscolabis con predominio de hidratos de carbono, constituido por ejemplo por barras energéticas, frutos secos y yogur para beber, o un pastelito de arroz o de sémola, pan de especias, un plátano o un producto lácteo. Así pues, la elección se realizará preferentemente entre comestibles ricos en hidratos de carbono y de asimilación rápida. Se puede optar igualmente por alimentos líquidos completos, aun cuando dejen a veces una sensación de «vacío». Si el tiempo disponible es superior, pueden contemplarse raciones más copiosas de arroz o de pasta. En cualquier caso, se evitarán las carnes, el queso o los embutidos, demasiados ricos en grasa, y cuya digestión prolongada podría ir acompañada de un letargo nefasto en el momento de subir a la tabla. Será prudente probar estos procedimientos alimenticios en el curso de salidas de entrenamiento. A lo largo de la tarde se proseguirá con el consumo de bebida energética y, con ocasión de cada pausa y cada vez que sea posible, se completará esta ingestión de líquido con el consumo de barras energéticas o dulces de fruta.

Por la noche, después del esfuerzo

Una vez terminada la prueba, es cuestión de atender a la recuperación con medidas dietéticas apropiadas. Una cena rica en hidratos de carbono (arroz, pasta), en frutas y legumbres, que incluya un producto lácteo y un huevo, completada con un postre azucarado, constituirá la opción ideal, sobre todo si a la mañana siguiente hay que participar en nuevas eliminatorias.

5

REGÍMENES PARTICULARES

El vegetarianismo

«Ciertos deportistas, especialmente en el triatlon, afirman que el vegetarianismo les permite recuperar mejor y progresar. ¿Qué opina?»

Es cierto: la ausencia de carnes animales favorece los rendimientos en los esfuerzos máximos y permite una mejor recuperación. Por otra parte, los vegetarianos consumen más hidratos de carbono, lo cual es favorable para la práctica deportiva. Y si ingieren huevos y productos lácteos aseguran un nivel correcto de proteínas. Pero están más sujetos a déficits de calcio, de cinc y de hierro. El consumo moderado de carne y de pescado confiere una ventaja desde este punto de vista.

Un poco de carne y de pescado es mejor que nada de carne en absoluto

Si el vegetariano, en Europa o en los Estados Unidos, tiene dificultades en desprenderse de una connotación de escuela posterior al movimiento progre del año 68, en otros países no tiene más remedio que fundirse en la masa y plegarse a los imperativos económicos o religiosos, llegando a la exclusión casi total de la carne y de los productos relacionados. El estado de salud que caracteriza a estas últimas poblaciones parece frecuentemente precario, en todo caso menos bueno que el de un occidental activo, incluso si en esta situación precisa el bajo nivel de vida y la rusticidad de las estructuras sanitarias comparten ciertamente una responsabilidad superior. Los deportistas europeos o americanos que optan por el vegetarianismo lo hacen con el objetivo de gozar de mejor salud y de optimizar su nivel de forma. Siendo así las cosas, uno se pregunta frecuentemente si un atleta accede a un alto nivel debido a su vegetarianismo o, por el contrario, si son sus resultados y su ambición deportiva los que le han llevado a suprimir la carne. En cualquier caso, es obligado constatar que pocos pueblos vegetarianos han producido campeones, mientras que, por el contrario, una inmensa mayoría de estrellas deportivas ha adoptado una alimentación omnívora, lo cual parece indicar que la ingestión de carne no constituye un obstáculo para ellos. Sin embargo, su ración de carnes animales permanece baja, lo que hace pensar que el consumo moderado de carne, de pescado o de ave confiere una ventaja sobre el vegetarianismo puro y duro.

Las ventajas del vegetarianismo

En el plano nutritivo, no faltan razones que expliquen esta jerarquía. Se observa así que los vegetarianos consumen por lo general del 30 al 40 % más de hidratos de carbono, particularmente de los complejos, tales como los cereales integrales y las legumbres secas. Es evidente que, teniendo en cuenta las necesidades muy elevadas de hidratos de carbono por parte de los deportistas, se trata de una adaptación favorable. Además, la ausencia de carnes animales dota al organismo de un carácter alcalino (es decir, «antiácido») favorable a la vez a la realización de rendimientos en los esfuerzos máximos, pero también a una recuperación más eficiente. Por otra parte, al contrario de lo que se considera demasiado frecuentemente, la variedad de fuentes de proteínas presentes, y sobre todo el consumo de huevos y de productos lácteos, proporciona un nivel proteico correcto a los vegetarianos.

Déficits de calcio, de cinc y de hierro

En el plano mineral, se debe matizar la situación. En efecto, numerosos componentes de los vegetales interactúan con los minerales y los oligoelementos para entorpecer la asimilación, y en el caso del calcio o del cinc, por ejemplo, el resultado es desfavorable, pues lo esencial de los minerales suministrados por la ración se pierde por las heces. Se sabe así que el calcio de origen vegetal tiene un interés mínimo en comparación con el procedente de los productos lácteos, y los expertos consideran que solamente deberían tenerse en cuenta los aportes de hierro animal para el establecimiento del balance. Así pues, el vegetarianismo propicia a plazo la aparición de un déficit de hierro.

Por último, hay que prevenir a los candidatos al vegetarianismo que los seis primeros meses, es decir el periodo de transición, son los que presentan el riesgo más elevado de déficit. Más adelante, se producen ciertas adaptaciones, y el vegetariano aprende a corregir el tiro... y a evitar sus errores iniciales.

La altitud

«Debo participar en un cursillo de preparación en altitud. ¿Me obliga esto a respetar un régimen dietético particular?»

La altitud provoca un aumento del número de glóbulos rojos. El organismo consume entonces más hierro y más proteínas. Para aprovechar los efectos beneficiosos de la altitud, es necesario hacer una cura de hierro antes de partir y procurar comer muchos alimentos ricos en proteínas (ave, carne, pescado, productos lácteos) durante toda la estancia. Además, las pérdidas de agua son más importantes en altitud, lo cual obliga a beber más.

Aumento del número de glóbulos rojos

El entrenamiento en altitud ha llegado a ser un procedimiento de preparación muy apreciado desde la época de los Juegos Olímpicos de México. Inicialmente había propensión a la cuestión del entrenamiento en altitud con el fin de saber hasta qué punto podían caer los rendimientos en este contexto. Pero al conocer mejor algunos de los mecanismos por los cuales el organismo respondía a la exposición a la altitud, se comenzó a preguntarse si las estancias a más de 1.800 m podían convertirse en una estrategia general de preparación. ¿Por qué? Porque una estancia en altitud provoca profundas alteraciones en el seno de nuestro organismo, y algunas de ellas pueden influir favorablemente en las capacidades físicas.

Se observa especialmente una frecuente elevación de la tasa de glóbulos rojos, que es altamente provechosa en los deportes de resistencia. ¿Por qué? Los glóbulos rojos contienen una molécula particular hecha de proteínas y de hierro, la hemoglobina, que fija el oxígeno para transportarlo hacia los tejidos. Por tanto, esto les permite disponer de un aumento de carburante, lo cual puede mejorar evidentemente los rendimientos.

Necesidades incrementadas de hierro, de proteínas y de agua

También es necesario suministrar al organismo los materiales requeridos en cantidad suficiente, y en particular el hierro y las proteínas, sin los cuales no se puede alcanzar el objetivo propuesto. En algunos estudios recientes se ha observado así una disminución del número de glóbulos rojos y un descenso de los rendimientos al regreso de una estancia en altitud. Mal alimentados, no habiéndose preocupado por ingerir previamente más alimentos ricos en hierro, tal como la carne o el hígado, los deportistas implicados no pudieron aprovechar los efectos de la altitud. De estas observaciones paradójicas se deduce que es necesario emprender de manera casi sistemática una cura de hierro antes de tales estancias. Por otra parte, teniendo en cuenta los efectos de la altitud sobre el metabolismo y las hormonas, y las necesidades de proteínas que se requieren para elaborar nuevos glóbulos rojos, es absolutamente necesario aumentar los aportes de proteínas (ave, carne, pescado, productos lácteos) a todo lo largo de esta estancia.

Además, las pérdidas de agua que sobrevienen de manera invisible en altitud por medio de la respiración, imponen un incremento de la toma de bebidas, tanto en el curso de las actividades físicas como fuera de ellas. Por último, evidentemente, para optimizar el efecto del entrenamiento, será necesario vigilar para proporcionar suficientes hidratos de carbono, a lo cual contribuirá un aporte complementario cotidiano de una bebida energética.

Los deportes en el frío

«¿Es necesario comer más grasa cuando se practica un deporte en el frío, tal como el bobsleigh, el esquí o el deslizamiento en trineo?»

Los alimentos más apropiados para los esfuerzos en el frío son en primer lugar los que permiten trabajar a los músculos, es decir los que son a base de hidratos de carbono. El deportista no necesita tener grasa si está bien vestido, si come suficientemente y si permanece en movimiento. Por tanto, dará preferencia a la pasta (la víspera por la noche), los cereales, los dulces de fruta, el pastel de sémola, y las gachas, y evitará las grasas, que no tienen utilidad alguna para el esfuerzo.

¿Grasas aislantes y reservas de calorías?

Muchos consideran, apoyándose en observaciones extraídas del mundo animal, que la estancia prolongada en lugares con temperaturas inferiores a 0 °C exige la adopción de una ración más grasa y la posesión de un espeso panículo adiposo. Esta preferencia marcada por los lípidos se basa en dos razones: las de nuestro cuerpo juegan un papel aislante, y su combustión produce muchas calorías (cada gramo de grasa suministra 9, contra 4 los hidratos de carbono y las proteínas). Además, su puesta en reserva en los tejidos no necesita agua, al contrario que el glucógeno, forma bajo la cual se almacenan los hidratos de carbono en el músculo. En consecuencia, el panículo adiposo de los pájaros bobos o de los osos polares es una reserva de grasas en estado puro, capital almacenado para los tiempos duros, especialmente cuando el alimento es escaso, lo cual felizmente rara vez ocurre con los esquiadores, que tienen oportunidad de hacer un alto en el supermercado o simplemente en la tienda de comestibles del pueblo antes de colocarse los esquís. El estudio minucioso de las poblaciones adaptadas al frío, como los Inuits, que viven desde hace siglos en el Gran Norte, ha inspirado también a los exploradores en su manera de comer y ha orientado notablemente a los médicos. Pero en las regiones desprovistas de plantas comestibles, la adopción de una ración muy rica en carne, como la de los esquimales, da como resultado más limitaciones ecológicas que un aporte realmente nutritivo. Tal como señalaba recientemente un científico francés en un congreso dedicado a la nutrición del frío: «Si los esquimales hubieran tenido pasta, no hay ninguna duda de que se habrían atiborrado de ella antes de salir a cazar».

Dar preferencia a los hidratos de carbono lentos

Esto no ha impedido a los dietistas, hasta una época reciente, estimular la adopción de una ración enriquecida en lípidos en el caso de un esfuerzo realizado en el frío. Nada justifica esta idea. Ciertamente, teniendo en cuenta el fuerte poder calórico de las grasas, parecería lógico comer más para hacer frente a estas necesidades suplementarias. Pero no es todo tan sencillo cuando se hace deporte en el frío. Por una parte, cuando se dice que una actividad física, por ejemplo una hora de esquí de fondo, hace gastar 1.000 kcal, en realidad sólo 1/4 sirve para la contracción de los músculos, y los 3/4 restantes se disipan bajo forma de calor, tanto si la temperatura es de 15 °C bajo cero como si es pleno verano. En el frío, esta pérdida de calor energética constituye una ventaja; el simple hecho de moverse proporciona las calorías necesarias para la termorregulación y asegura la lucha contra el frío. Realmente la alimentación más apropiada cuando se debe realizar un ejercicio bajo estas condiciones es, en primer lugar, la que permite trabajar al músculo. Por consiguiente, el esquiador de fondo, el adepto al bobsleigh o al trineo, deberán dar preferencia a la pasta (la víspera por la noche), los cereales, los dulces de frutas, el pastel de sémola, las gachas, y abstenerse absolutamente de visitar la charcutería de la esquina... Además, las grasas tales como los trozos de queso, los pastelitos de almendra o las barras chocolateadas ingeridas en el curso del esfuerzo, no entran en los tejidos más que de 6 a 8 horas más tarde, o sea bastante después de concluir la actividad. Por tanto, no tienen utilidad alguna para el esfuerzo.

Otro argumento esgrimido para justificar la recomendación de alimentos ricos en lípidos: su escaso volumen. Se le puede refutar fácilmente. Por una parte, si tal característica quizá confiera una ventaja para quien debe hacer la travesía del Polo Norte arrastrando víveres sobre un trineo durante tres meses (lo cual no sucede todos los días), parece desdeñable en la mayoría de casos, por ejemplo en las salidas de una sola jornada, teniendo en cuenta la calidad de las mochilas y las bolsas disponibles actualmente. Por otra parte, ¿ocupan más lugar los frutos secos y las barras energéticas? Así pues, no se puede aconsejar la ingestión de alimentos ricos en grasas bajo el único pretexto de que pesan menos...

No es necesario estar gordo si se come y se bebe suficientemente

Por último, ¿cuál es el papel aislante que juegan las grasas? Se sabe que los sujetos un poco más gordos que el promedio pierden menos calor y, por tanto, aseguran mejor su termorregulación. El agua conduce mucho más el calor que el aire, de modo que la pérdida calórica de un cuerpo se efectúa mucho más deprisa, y para temperaturas relativamente elevadas. En el aire, a 22 °C, uno se encuentra en neutralidad térmica. Por el contrario, en el agua a 22 °C, los sujetos muy delgados tiritan. Este mismo rol aislante sirvió, en una época, de argumento para incitar a los deportistas que debían evolucionar en el frío a adquirir un poco de masa grasa. Pero nadie va a esquiar desnudo: bien vestido no hay necesidad alguna de poseer más grasas que de ordinario. Lo esencial, para los sujetos que se hallan expuestos de manera crónica al frío, se resume en dos puntos: es necesario cubrir las necesidades calóricas, pues de lo contrario podría sobrevenir un adelgazamiento progresivo; y es necesario permanecer en movimiento, ya que si no es así no se produce bastante calor, y la lucha contra el frío es imposible.

Los deportes cerebrales

«Practico el tiro al arco y me pregunto si los deportes cerebrales necesitan una alimentación particular, y si ciertos alimentos pueden ayudar a conciliar el sueño.»

Durante la prueba, el consumo regular de fructosa permite mantener la concentración y la vigilancia. El estrés acumulado dificulta el sueño, pero un paseo puede solucionarlo en parte, y con una cena rica en hidratos de carbono y en productos lácteos, y pobre en proteínas (carne), se tienen todas las bazas a su favor.

Mantener la concentración durante la prueba y conseguir dormir bien

Los deportes «cerebrales» se caracterizan por el lugar preponderante, sino exclusivo, ocupado por las aptitudes intelectuales y mentales, memoria, coordinación, vigilancia, concentración en particular, sobre las físicas. Entre éstas se incluyen cualidades tales como la fuerza, la resistencia o la velocidad. En una disciplina como el tiro al arco, pero también en los deportes mecánicos, el tiro o la esgrima, la importancia de las cualidades físicas puede revelarse, por otra parte, muy secundaria. La preparación física sólo interviene desde hace poco, y únicamente en ciertos pilotos de automóviles, y para los cuales forma parte más de una adaptación al estrés, a la evacuación de la tensión y a la «salud» en general, que de un verdadero proceso de rendimiento. Sin embargo, hay dos tipos de escollos que pueden afectar a sus aptitudes. Se trata, por una parte, de bajadas imprevisibles de concentración, que pueden manifestarse en el peor momento y sin previo aviso y, por otra parte, de una dificultad para dormirse, que sobreviene después de una liberación excesiva de adrenalina bajo el efecto de la tensión nerviosa. ¿Cómo se explica esto? Esta sustancia liberada como respuesta al estrés presenta efectos duraderos, que se prolongan más allá de la interrupción del ejercicio, y participan en los conocidos insomnios de los pilotos o de los guardametas después de los partidos. ¿Se trata de fenómenos irremediables? No del todo; en estos dos casos, ciertas prácticas pueden mejorar parcialmente las cosas. Es particularmente el caso de una nutrición adaptada a estas características.

Fructosa para la vigilancia

Veamos en primer lugar de qué modo se puede mantener la vigilancia y evitar las bajadas de concentración. El cerebro se nutre exclusivamente de glucosa, que es un azúcar particular. La consume con ocasión de toda actividad intelectual, y si este carburante falta, el conjunto de procesos cerebrales (concentración, vigilancia, coordinación, alerta) experimentará una regresión. En este contexto pueden surgir entonces malas decisiones y errores de cálculo o de juicio. Para evitar estas manifestaciones desastrosas, se impone un aporte regular de hidratos de carbono. ¿Son todos ellos convenientes? Si estos deportes implican una actividad muscular simultánea, como en el caso del biatlon, cualquier tipo de glúcido se adaptará a esta situación. Pero el tiro, el ajedrez, el pilotaje no dan lugar a una puesta en movimiento significativa. En este caso, toda aportación aislada de glúcido aislado puede ocasionar, en el curso de su asimilación, un fenómeno de «rebote», una hipoglucemia, que sobreviene en un plazo variable, del orden de

90 minutos. El suministro de glúcidos irá entonces al encuentro del efecto buscado, ya que dará lugar a una baja súbita de la vigilancia una hora y media más tarde. El único glúcido útil en este contexto es la fructosa, ya que su ingestión no da lugar al mecanismo compensatorio descrito anteriormente. Así pues, está justificado su consumo a todo lo largo de la práctica de un deporte «cerebral».

Paliar las tensiones y comer productos azucarados y lácteos

¿Qué conexiones existen entre la alimentación y el sueño? Si se excluye el caso de la cafeína, que figura en nuestra ración e impide el sueño, se conocen sobre todo componentes que facilitan más o menos el adormecimiento. Y además no es necesario haber realizado un esfuerzo físico intenso o haber soportado un largo estrés poco antes para obtener tal efecto: el impacto de los alimentos sobre las funciones cerebrales se manifiesta realmente menos pronunciado que el del ejercicio físico o las solicitaciones nerviosas. Por tanto, una alimentación idónea no bastará siempre para conciliar el sueño. En cambio, podría ser más eficaz si fuera precedida de un pequeño trabajo aerobio (footing, marcha por el campo o bicicleta) para paliar las secuelas de las tensiones de la jornada. Por otra parte, los preparadores físicos hablan, para calificar estos ejercicios sin efecto directo sobre el rendimiento, de «vuelta a la calma». En este caso, ¿qué alimentos pueden preconizarse? Una cena rica en hidratos de carbono y en productos lácteos, facilita el adormecimiento. Pasta y queso, o un gran vaso de leche con miel, al regreso de un pequeño paseo digestivo pueden ser muy eficaces. Por el contrario, se ha considerado desde hace tiempo que una comida rica en proteínas, por ejemplo una parrillada, una barbacoa o la degustación de una pieza de caza, podía implicar la formación de adrenalina en nuestro cerebro, y mantener así un estado prolongado de vigilia. Igualmente se ha considerado desde hace tiempo que la administración de vitamina C después de las siete de la tarde podía provocar un estado de excitación que impedía el sueño. Estas dos aseveraciones no han podido verificarse nunca, y actualmente todo lleva a creer que son falsas. Lo único seguro es que una comida rica en hidratos de carbono puede ayudar al adormecimiento. Sin embargo, en realidad esto es una reflexión sobre el conjunto de la higiene de vida que merece ser tenido en cuenta en estas disciplinas, de modo que se mantenga un estado adecuado de concentración, y no meramente la aplicación de algunas recetas milagrosas.

La alimentación del deportista que trabaja de noche

«Trabajo de noche pero, apasionado por la carrera a pie, me entreno durante el día una vez levantado. Creo que mi alimentación debería adaptarse en consecuencia. ¿Qué me aconseja?»

El esquema ideal sería el siguiente:

- *Antes de acostarse (hacia las 6 horas): fruta; productos lácteos; cereales.*
- *Al levantarse: café o té, después entrenamiento.*
- *Regreso (hacia las 14 horas): comida de recuperación: pasta (o arroz o sémola o patatas o lentejas o pizza); hortalizas crudas o legumbres; huevo (o atún); productos lácteos; pastelería (opcional).*
- *Merienda (opcional): fruta, zumo de fruta, yogur; pan y miel; té o café.*
- *Cena, antes del trabajo: ensalada u hortalizas crudas; ave o carne o pescado; legumbres; productos lácteos.*
- *De noche: jamón o pollo o pescado; pan; fruta, queso.*

Ritmos biológicos perturbados

El trabajo desfasado llegará a ser una constante en el curso de los próximos decenios, y afectará a casi una persona de cada tres. Esta práctica, que ciertos médicos consideran «antifisiológica», facilita la aparición de cierto número de anomalías, consecutivas a la perturbación de los ritmos biológicos. En efecto, si la alternativa de la vigilia y del sueño, o la del hambre y la saciedad, saltan a la vista de todos, parece menos evidente que tales ciclos gobiernen el funcionamiento del conjunto de nuestras funciones fisiológicas. Sin embargo, cuando se trata de procesos de almacenaje, de fuerza o de aptitud para recuperar, todos estos procesos fluctúan en el curso de un ciclo de 24 horas (el «nictámoro» de los fisiólogos). Volvamos al caso del trabajo por fases o en 3 x 8. En este marco, se consumen habitualmente tres comidas, una al levantarse (hacia las 11-12 h), otra antes de salir a trabajar, y otra en plena noche. Al fin y al cabo, una aportación calórica muy parecida a la que se observa en los colegas que trabajan de día, pero existe un profundo desfase en el tiempo, desfase que constituye el centro de todas las preocupaciones de los profesionales de la salud.

Aumento de peso favorecido por la alimentación de noche

Algunos estudios realizados con enfermeras, que trabajaban alternativamente de día o de noche, han demostrado que cuando ejercían una actividad nocturna, con idéntica aportación calórica, ganaban peso más fácilmente. Esto se debería principalmente a un estímulo de los procesos de almacenaje cuando se hace de noche. Por tanto, el deportista preocupado por conservar su peso de forma deberá vigilar, en la comida de media noche, para limitar el consumo de comestibles ricos en grasas o en glúcidos, con el fin de evitar este inconveniente. Dará preferencia a las proteínas (ave o pescado, pobres en lípidos), acompañadas de verduras verdes y de lácteos pobres en grasas. Eventualmente, según su actividad física, podrá añadir una pequeña porción de «hidratos de carbono complejos» (arroz, pasta, sémola, lentejas). Gracias a esto logrará conservar su equilibrio alimentario sin temor a engordar.

Un desayuno antes de acostarse y entrenamiento en ayunas al despertarse

El segundo elemento a tomar en consideración en este caso es la gestión del entrenamiento: quien se levanta a las 12 h e ingiere un copioso desayuno, deberá esperar varias horas antes de entrenarse, de modo que la digestión se desarrolle lo mejor posible. Por tanto, en invierno no podrá esperar hacer salidas largas, ya que se hace de noche a partir de las 17 h. Por consiguiente, puede idearse un reparto diferente de las comidas: si es posible, hacia las 6 de la mañana, poco antes de acostarse, ingerirá un desayuno que incluya cereales, y zumo de fruta y un producto lácteo. Al levantarse, en vez de desayunar, irá a entrenarse, y sólo comerá al regreso. A continuación, reposará antes de prever una cena ligera. La cuarta comida se tomará en los lugares de trabajo.

Un desayuno rico en hidratos de carbono lentos y una cena ligera

Será necesario tener en cuenta, a todo lo largo de esta jornada, el nexo eventual que pueda existir entre la alimentación y la vigilancia. En efecto, todo lo que constituya una ración susceptible de estimular la vigilia o, por el contrario, todo lo que pueda precipitar la somnolencia, presenta un interés potencial. A este respecto, parece evidente que tomar café, té o Coca-cola al final de la tarde hacia las ocho horas, facilitará el mantenerse desvelado. A la inversa, si se toma una comida muy rica en hidratos de carbono, especialmente en «glúcidos rápidos» hacia las ocho de la tarde, se facilitará la somnolencia. La vigilancia se mantiene mejor con una ración rica en proteínas, de ahí la idea de comer porciones copiosas de carne, ave o pescado antes de ir a trabajar. La realización de una sesión intensiva alrededor de las cinco de la tarde, responsable de la liberación de abundantes cantidades de adrenalina (la hormona del estrés, propicia al mantenimiento de un estado prolongado de vigilancia), ejerce un efecto de este tipo aún más marcado. Por el contrario, ingerir una cena con exceso de proteínas justo antes de acostarse y después de una sesión difícil no es muy compatible con las exigencias de la recuperación. De ahí el interés de realizar la salida a mitad de la jornada y prever una comida adecuada al regreso de la sesión. Si se prevé hacia las dos horas, se compondrá principalmente de hidratos de carbono «lentos», por ejemplo arroz, patatas o pasta, acompañados de legumbres y productos lácteos. Si se trata de una merienda, se preferirán las frutas y los zumos de fruta, un producto lácteo, cereales o pan y eventualmente miel, compota o confitura. Esto permitirá esperar hasta la cena.

Correr en ayunas

«Me gustaría saber lo que piensa sobre la costumbre que consiste en tomar el desayuno después de practicar footing. En efecto, en verano, a fin de evitar el ejercicio físico en condiciones de calor agotadoras, esta costumbre es a veces la única posible. Entonces, ¿es necesario comer antes de correr no teniendo en cuenta el retraso de tres horas, o es mejor correr en ayunas y comer al regreso de la sesión?»

«Tengo 29 años y practico la carrera a pie desde hace 6 años. Mi mejor marca en maratón es de 3 h 02, y mi objetivo es 2 h 55 en Sevilla en febrero. ¿Podría informarme sobre las salidas en ayunas, como las que practica el campeón belga Vincent Rousseau: cuál debe ser la alimentación antes, durante y después de la salida, y su intensidad?»

Para practicar el footing en ayunas, es necesario haber dormido bien antes y no correr más de una hora. Si el esfuerzo permanece moderado, se favorece entonces la combustión de grasas. La cena de la víspera habrá sido rica en hidratos de carbono (pasta), se despertará con un té o un café, y se consumirán bebidas energéticas en el curso de la sesión para evitar la hipoglucemia. Al regreso, se podrá tomar su desayuno habitual, añadiendo un producto lácteo suplementario.

Capacidades al despertar variables según los individuos

Estas dos preguntas contemplan bajo un ángulo diferente una técnica de preparación cada vez más adoptada en nuestros días, tanto por sus ventajas prácticas como por sus consecuencias metabólicas particulares: la salida en ayunas. ¿Por qué ha sido tanto tiempo confidencial y debatida esta técnica? Durante mucho tiempo sólo se le han reconocido defectos. Por una parte, el grado de vigilancia y de atención al despertarse y saltar de la cama varía mucho según los individuos. Los estudios realizados en el campo de la cronobiología han demostrado así que la temperatura corporal, la aptitud para concentrarse, la coordinación, no alcanzan su apogeo más que a mitad de la mañana, a veces al mediodía. Para algunos, el pequeño footing efectuado poco después de la aurora puede entonces volverse una pesadilla; piernas pesadas, articulaciones poco sueltas, zancada poco amplia, sensación de pesadez, fallos de atención, a veces pasos en falso... ¡pueden disuadir al más temerario de intentar una experiencia similar! Por otra parte, especialmente para todas las personas que tienen su programa de tiempo cargado, se trata del único momento de la jornada en que se tiene la seguridad de no verse obligado a anular la sesión, debido a un imprevisto. Por último, tal como menciona nuestra interlocutora, las primeras horas de la jornada constituyen a veces la única solución para entrenarse cómodamente cuando el sol aprieta fuerte, especialmente en las zonas del sur.

Combustión de grasas favorecida

Para minimizar los inconvenientes de este tipo de salida, conviene no emprenderla nunca con un déficit notable de sueño o en un estado anormal de fatiga. El reposo constituye entonces la única elección razonable. En los otros casos, para ayudar a despertarse al organismo, se puede beber un té o un café, eventualmente edulcorado con fructosa, justo antes de empezar. Esto no cambiará para nada que se vea favorecida la combustión de las grasas. El ayuno nocturno, en efecto, va acompañado de una disminución progresiva de las reservas de glúcidos del hígado, de donde se vierten a la sangre para alimentar a ciertos órganos tales como el cerebro. Después de nueve horas de privación alimenticia sobreviene una modificación progresiva del metabolismo. Se movilizan y utilizan más las grasas, de modo que en caso de esfuerzos moderados, una sesión realizada en ayunas favorece más el consumo de grasa y la disminución de sus reservas que si se emprende de dos a tres horas después de un desayuno. Se procurará adoptar un ritmo lento, para no fatigar exageradamente al organismo y para efectuar la sesión dentro del registro más apropiado para quemar grasas y «afilarse», al igual que Rousseau.

Evitar la hipoglucemia

Con todo, correr sin haber comido nada expone a un riesgo particular: la hipoglucemia. La utilización del azúcar presente en la sangre se acelera, en efecto, durante la sesión, y entonces, si las reservas no son suficientes, esta anomalía puede sobrevenir al cabo de 30-40 minutos de carrera. Comer antes de la sesión o beber algo azucarado no sirve de nada. Por el contrario, tomar la víspera una cena a base de hidratos de carbono (un plato de pasta) y consumir bebidas energéticas durante la sesión puede ser útil, sobre todo si se la prolonga más de 60 minutos, tal como llega a ser posible con un poco de hábito. Al regreso de la sesión, se podrá tomar su desayuno habitual, que ayudará a elevar la tasa de azúcar en la sangre. Además, se aumentará la parte de las proteínas (añadiendo un producto lácteo) en razón de su incremento de combustión en estas condiciones. Desaconsejamos abusar de sesiones de más de 60 minutos en ayunas: favorecen la aparición de episodios de fatiga en el curso de la jornada, no siempre compatibles con el cumplimiento normal de sus diversas actividades, aparte de correr riesgos que pueden perjudicar no sólo la actividad deportiva, sino incluso la laboral.

Régimen adelgazante y actividad deportiva

«¿Se puede continuar entrenándose normalmente cuando se sigue un régimen adelgazante? Personalmente tengo miedo de que estas restricciones alimentarias me fatiguen. ¿Cree que puedo elaborar un régimen compatible con una actividad física normal?»

Un régimen adelgazante puede ser compatible con un entrenamiento intensivo con tres condiciones: aumentar la aportación de proteínas para evitar cambios de humor, fatiga, disminución de aptitudes físicas o aumento de sensibilidad a las infecciones; mantener una aportación elevada de hidratos de carbono (alrededor del 60 % de las calorías de la ración), sobre todo de glúcidos lentos; y no restringir su ración más de 800 calorías por día con respecto al régimen inicial.

Restringir la aportación de lípidos y glúcidos para quemar las grasas corporales

Uno se interroga frecuentemente sobre la compatibilidad de los regímenes y el entrenamiento intensivo. Responder a esta pregunta constituye una tarea delicada, ya que varían a la vez el número de calorías toleradas, la distribución entre las diferentes familias de nutrimentos, el nivel de entrenamiento mantenido, y por último la duración del régimen. Se comprende que, por esta razón, se hayan podido leer resultados contradictorios al respecto. ¿Qué sucede exactamente? La finalidad de un régimen eficaz es permitir la movilización y la combustión de las reservas adiposas del organismo. Para ello, es necesario restringir la aportación alimentaria, de manera que exista un déficit calórico satisfecho por la combustión de una parte de las grasas corporales. Este déficit se realizará restringiendo más particularmente el contenido de la ración en lípidos y en azúcares simples (es decir en alimentos con sabor azucarado). La limitación de las grasas es evidente, pero ¿cómo justificar la de los glúcidos? Responde al hecho de que la ingestión de éstos frena la movilización de las grasas.

Proteínas para evitar fatiga y cambios de humor

Se debe ir más allá de la simple composición del régimen administrado, pues el seguimiento de un régimen de este tipo va acompañado por fenómenos nerviosos y hormonales que pueden ocasionar un incremento de la destrucción de las proteínas de los tejidos. Esto explica a la vez que sea necesario mantener (e incluso aumentar) las aportaciones proteicas de un régimen, y que frecuentemente se produzca una elevación de la tasa de ciertos desechos, tales como la urea o el ácido úrico, que testimonian esta destrucción más importante. En el pasado se ha desdeñado a veces esta necesidad de una aportación más elevada de proteínas, hasta que se constató que esta degradación explicaba algunas de la anomalías producidas con ocasión de los regímenes, tales como los cambios de humor, la fatiga, la disminución de aptitudes físicas, o un incremento de susceptibilidad a las infecciones. En consecuencia aparecieron los regímenes adelgazantes hiperproteicos, por otra parte no exentos de resultados. Sin embargo, ciertos científicos han considerado que la satisfacción de las necesidades proteicas no resolvía todas las dificultades encontradas. Algunas de las perturbaciones mencionadas persisten a pesar de este régimen.

Mantener una aportación elevada de glúcidos para los deportistas

Según ellos, el mantenimiento de un aporte elevado de glúcidos (proporcionando alrededor del 60 % de las calorías de la ración), escogidos preferentemente entre los «glúcidos lentos», debe considerarse como complemento de un aporte proteico elevado. Esto se impondrá particularmente a aquellos que conjugan entrenamiento y régimen, debido a las limitaciones inherentes a la reforma de las reservas de glucógeno después de cada sesión. Entonces las anomalías son menores, pero cierto número de atletas, a pesar de esta adaptación nutritiva, continúan sufriendo con su régimen, especialmente en el plano de las defensas inmunitarias. ¿Por qué? Para elaborar un régimen completamente sano se deben tener en cuenta también las necesidades energéticas globales. Así parece que no se debe considerar una reducción de más de 800 calorías por día con relación al régimen inicial. Si se respetan estas tres reglas, incremento de aporte proteico, suministro apropiado de hidratos de carbono, y restricción calórica moderada, el seguimiento del régimen llega a ser compatible con un entrenamiento intensivo.

Atletismo y necesidad de pesar menos

«Practico el atletismo en categoría junior. Mi entrenador pretende rotundamente que, como corredora, debo perder peso para ir más rápida. ¿Está de acuerdo?»

Es verdad que pesar menos es un triunfo, pero también es indispensable poseer reservas de energía y comer suficientemente. La pérdida de peso mejora frecuentemente los rendimientos a corto plazo, pero esto puede ir en detrimento de la salud y del porvenir. Así, las privaciones combinadas con un entrenamiento pesado favorecen una fragilidad ósea irremediable. El conocimiento de su cuerpo, la práctica inteligente del deporte y una sexualidad abierta permiten evitar las rutinas dietéticas corrientes.

Resultados mejorados a corto plazo

La preocupación de nuestra interlocutora por su peso no es privativa únicamente de los adeptos a la carrera a pie. Otras disciplinas más ligadas a criterios estéticos, como la danza o la gimnasia, también la adoptan como su credo, hasta el punto de que a nivel de elite es raro que una campeona no siga permanentemente un régimen. Es una tendencia que, en nuestra opinión, es completamente perjudicial. Es verdad que la ligereza constituye un triunfo innegable cuando se trata de ir rápido. Pero en el caso de esta joven, poseer reservas de energía y comer suficientemente contribuye otro tanto a los resultados y, a largo plazo, un comportamiento alimentario bien estructurado llega a ser incluso indisociable de resultados constantes. Sin embargo, adelgazar es tan tentador para los atletas jóvenes que eso va acompañado de una progresión inmediata, y valoriza doblemente a aquel o aquella que lo consigue. Por una parte, es gratificante, pues el joven ha desarrollado bien un proyecto y ha resistido los impulsos de comer, a veces acuciantes. Por otra parte, quien progresa y quien ha adelgazado (dos aspectos indisociables durante un tiempo) accede a un nivel mejor situado en la jerarquía atlética, que refuerza entonces al joven en su comportamiento restrictivo.

No comprometer su salud

Satisfechos con este nuevo rigor y esta fuerza mental, los entrenadores, incluso seguro ciertos padres, adoptan entonces una actitud nefasta. Entusiasmados por sus primeros éxitos, o inspirados por el ejemplo de un determinado campeón, o campeona, de formas vaporosas, incitan diariamente a mantener la delgadez y banalizan actitudes que, desconectadas del medio deportivo, serían juzgadas patológicas: levantarse de la mesa quedándose con hambre, privarse de grupos enteros de alimentos sin consultar al médico, provocarse vómitos, o prolongar las salidas para quemar más calorías y así permanecer delgada, constituyen varios errores, entre otros, que deben hacer sonar la alarma. Los amigos (frecuentemente superados por los acontecimientos, influidos muchas veces por adultos que se creen responsables), los compañeros de club, el médico escolar, los profesores, deben razonar con el futuro candidato al régimen, y hacer contrapeso a todo este movimiento del principio de «archidelgado», cuyos resultados nocivos son conocidos por todos.

Respetar el equilibrio físico y psíquico

En nuestra opinión, el objetivo de todo programa de entrenamiento es permitir la progresión del atleta, ya regularmente, ya por fases, pero ante todo debe respetar su equilibrio físico y psíquico. Y para que las sesiones que efectúe den sus frutos, es absolutamente necesario que la alimentación suministre la energía requerida y adecuada para cada salida, los elementos indispensables para la recuperación, y asegure la compensación de las pérdidas ocasionadas. La mesa está al servicio del entrenamiento, lo cual parece evidente, pero a veces el orden de prioridades se halla invertido, cuando un atleta, para perder kilos superfluos, prolonga o aumenta sus sesiones, o va a correr al mediodía en vez de alimentarse. En este caso, que se da frecuentemente entre las mujeres, el entrenamiento no constituye la finalidad, sino el medio que permite adelgazar.

Una práctica inteligente del deporte que asegura el porvenir

Observemos además que si una mujer veterana, casada, madre de familia, puede aceptar sin vergüenza no tener la regla o perder sus formas, se trata de una elección completamente discutible, e incluso condenable, en el caso de una adolescente o de una joven adulta en edad de procrear y de fundar una familia. Las privaciones combinadas con un entrenamiento pesado propician una fragilidad ósea que persistirá al cesar la actividad deportiva, y hacen prever días tristes para la joven, una vez pasada la treintena. En cualquier caso, el conocimiento de su cuerpo y el despertar de su relación con los otros, normalmente desarrollados por la práctica inteligente del deporte y una sexualidad abierta, deberían proteger a los jóvenes de los errores dietéticos que se producen algunas veces. Por otra parte, no es por mera casualidad que la actividad deportiva sirva de medio terapéutico para la rehabilitación de los toxicómanos, de los alcohólicos o de los bulímicos. Por tanto, es necesario evitar que la preocupación extrema por los rendimientos o una imagen corporal falsa, reforzada por la moda, llegue a pervertir este funcionamiento y desorganice el comportamiento alimentario.

La moda actual que impulsa a las jovencitas a limitaciones drásticas en sus ingestas alimenticias, está preocupando mucho a padres y educadores que ven como las mismas van abocadas a una grave anorexia.

¿Qué comer antes de un maratón?

«Tengo 30 años, y corro semimaratones, pero algunas veces tengo dificultades en recuperarme, lo cual podría ir ligado a un déficit de hidratos de carbono. Mido 1,60 m, peso 46 kg, y me parece difícil ingerir de 400 a 500 g de hidratos de carbono diarios antes de una carrera. ¿Qué puedo hacer?»

Es efectivamente imposible comer tantos hidratos de carbono. Así pues, para cubrir las necesidades, es necesario recurrir a las bebidas energéticas en el curso de las sesiones, en recuperación (durante las dos horas siguientes a la sesión) y como complemento de la colación de la tarde. Por otra parte, es oportuno mantener raciones energéticas del mismo nivel toda la semana, incluso los días de reposo. Esto no hará aumentar peso más que a partir de tres días sin entrenamiento.

El recurso a las bebidas energéticas

	Alimento	Cantidad	Hidratos de carbono
Mañana:	Un vaso de zumo de fruta	200 ml	20 a 25 g
	Un yogur natural	125 g	5 g
	Cereales	20 g	10-12
	Dos rebanadas de pan	40 g	22 g
	Total de la comida: 57-64 g		
Mediodía:	Verdura cruda con un poco de maíz	Un plato	25 g
	Pescado	Una porción	0 g
	Arroz (un plato)	200 g	40 g
	Pan	Dos rebanadas	11 g
	Queso	40 g	0 g
	Total de la comida: 76 g		
Merienda:	Fruta	Una pieza	10-15 g
	Yogur	Uno	5 g
	Galletas	2-3	15-20 g
	Total de la comida: 30-40 g		
Noche:	Ensalada	Un bol	2 g
	Jamón	Una rebanada	2 g
	Pasta	Un plato grande	50-60 g
	Pan	Una rebanada	11 g
	Crema caramelo	100 g	10 g
	Tisana + una cucharadita miel		10 g
	Total de la comida: 85-95 g		
Total de la jornada: 248-275 g			

El entrenamiento para el semimaratón, y esta prueba en sí misma, ocasionan importantes necesidades de hidratos de carbono. Los múltiples estudios realizados al respecto nos han revelado que la aportación diaria óptima se sitúa entre 8 y 10 g por kg de peso, lo cual representa en este caso de 360 a 480 g de hidratos de carbono. Se trata de cantidades difíciles de ingerir sobre todo si nuestra corredora, como demasiadas otras más en la actualidad, soslaya el desayuno o corre por el mediodía. Veamos el caso de una atleta dotada de un apetito medio. En el cuadro de la página anterior vemos lo que le aportan los menús de cada una de sus comidas.

A pesar de una alimentación que es todo salvo famélica, la cobertura de las necesidades de hidratos de carbono plantea un problema. Incluso aumentando las cantidades, se corre el riesgo de que falten de 50 a 60 g de hidratos de carbono en la jornada. Esto justifica el recurso a las bebidas energéticas a base de polímeros, a consumir en el curso de las sesiones, en recuperación (durante las dos primeras horas después de la sesión) y como complemento de la colación. Debe ingerir de 60 a 80 g de hidratos de carbono por medio de las bebidas «del esfuerzo» los días de carrera, lo cual representa un aporte de líquido de alrededor de medio litro.

Continuar comiendo muchos hidratos de carbono los días de reposo

Esta preocupación por cubrir las necesidades de hidratos de carbono lleva también a revisar sus aspectos en los días de reposo, cuando no se efectúa entrenamiento. En realidad se trata de jornadas «sandwichs», intercaladas entre una sesión que ha agotado en parte el glucógeno, y otra sesión para la cual será necesario haberlo reconstituido. Esta concepción más dinámica va a traducirse en la absorción, tanto si se entrena como si no, de un volumen de alimentos y de raciones energéticas sensiblemente constantes a lo largo de toda la semana. Esto no expondrá, sin embargo, a coger masa grasa, ya que haría falta un intervalo de tres días entre dos sesiones para que un excedente de hidratos de carbono comenzase a dar lugar a una fabricación de grasas de reserva. Si hace deporte cuatro veces por semana, este riesgo es nulo. Así pues, no hay que decir nunca: «Hoy no corro, y por tanto como menos.» Por el contrario, es mejor pensar: «Ayer agoté mi carburante, debo reponerlo por completo hoy.» No debería asombrarnos comprobar que los resultados se producirán infalible y con toda seguridad y los episodios de fatiga retrocederán.

Culturismo y necesidades de proteínas

«¿Por qué los culturistas comen muchas proteínas? ¿Se trata de una regla alimentaria indispensable en este deporte?»

Las proteínas contribuyen a ganar la masa o la fuerza que se busca en un trabajo de musculación. Pero no todas las proteínas provocan estos efectos. Para progresar es indispensable, además, un entrenamiento regular y sostenido. Por último, sin dopaje, la ganancia de masa no puede exceder del 10 al 15 % de la masa magra original. Los regímenes hiperproteicos ponen de relieve, por tanto, su carácter de mito, y provocan dentro de cierto plazo problemas renales o tendinosos. Una ración rica en hidratos de carbono y que proporcione de 2 a 2,5 g por kg y por día de proteínas es suficiente para optimizar el desarrollo muscular.

Las proteínas son el origen de la fuerza de contracción del músculo

Las proteínas son elementos muy presentes en nuestra ración, en las carnes y los pescados, los productos lácteos y, en menor grado, en los cereales y las legumbres secas. Todos los manuales indican que la degradación de cada gramo de proteína suministra 4 calorías. Pero se trata de una cifra puramente teórica. En realidad, su contribución no se sitúa en el plano energético, al contrario que los hidratos de carbono y los lípidos; las proteínas intervienen principalmente como elementos constructores y funcionales. Esto significa que se trata de sustancias que entran en la estructura de los huesos, de los músculos (donde permiten realizar la contracción y producir el movimiento), que actúan como catalizadores de las reacciones químicas, como defensores del organismo (glóbulos blancos), o como mensajeros del sistema nervioso. El interés de los culturistas por las proteínas se explica evidentemente por la participación de éstas en el trabajo muscular, y por la relación que existe entre la masa proteica muscular y la fuerza máxima que puede desplegarse. Toda la cuestión radica en saber si, para ganar masa o fuerza, además de un trabajo específico, es suficiente con comer más proteínas, tal como suponen los adeptos a las salas de musculación.

La musculación crea necesidades proteicas suplementarias

Sin embargo, el desarrollo de los procesos en juego en el metabolismo muscular es más complejo de lo que ellos imaginan y de lo que argumentan para justificar su predilección legendaria por las proteínas. Para comprender bien lo que sucede, es necesario tener presente que las proteínas se presentan como agrupaciones extremadamente complejas de elementos fundamentales que se denominan «aminoácidos», y que existen en número de 20. Se puede establecer una analogía entre estos aminoácidos y el alfabeto. Se comparará entonces a las proteínas con palabras compuestas por miles de combinaciones de letras, es decir aminoácidos. Nueve de estos aminoácidos deben figurar imperativamente en nuestra ración, pues nuestros tejidos no saben fabricarlos. Esto explica que se hable al respecto de aminoácidos «esenciales». Una fracción de las proteínas se renueva cada día, pero una parte de los aminoácidos constituyentes se pierde y debe ser compensada por los aportes alimentarios.

Igualmente pueden agregarse fragmentos suplementarios, incrementando así la masa proteica total del organismo. Esto es lo que provoca temporalmente el trabajo de musculación. El culturista considera, por tanto, que debe ingerir las proteínas requeridas para renovar lo que se degrada cada día y para asegurar la elaboración de fragmentos suplementarios. Esto explica la tendencia generalizada a la absorción de enormes cantidades de proteínas, a la vez por medio de porciones pantagruélicas de claras de huevos, de carne de pollo, de pescado blanco, de productos lácteos desnatados, pero recurriendo también a polvos proteínicos, fáciles de obtener en la mayoría de salas de musculación.

Las proteínas no bastan para el desarrollo muscular

Intervienen otros procesos, que frenan fuertemente las posibilidades de desarrollo muscular. Por una parte, debe tenerse en cuenta la calidad de las proteínas. ¿Qué significa esta noción? Digamos que el conjunto de los aminoácidos debe figurar en tasas óptimas en el momento en que sobrevienen los procesos de construcción. Sin embargo, no todas las fuentes de proteínas suministran necesariamente el conjunto de los aminoácidos «esenciales» en tasas apropiadas, del mismo modo que un especialista en un juego de letras experimentará dificultades para escribir palabras largas si le faltan las «E» o las «A». Esto explica el interés de ciertos complementos proteicos para deportistas, cuya fórmula intenta aportar los diferentes aminoácidos en contenidos propicios para el buen desarrollo de las síntesis. Por otra parte, sin un entrenamiento sostenido y regular, la ganancia de masa será imposible incluso ingiriendo un gran excedente de proteínas. Además, quien emprende un régimen hiperproteico y adopta un programa de entrenamiento destinado a desarrollar la masa muscular, va a verse enfrentado a un nuevo problema en un plazo rápido: la renovación de las proteínas se acelerará, lo cual significa que van a destruirse y a reconstruirse más deprisa que antes del inicio de este entrenamiento. Entonces el proceso de desarrollo muscular llegará al límite. Se estima, por otra parte, que la ganancia de masa máxima que puede obtenerse de modo duradero por procedimientos naturales (o, dicho de otro modo, sin recurrir al dopaje) no excederá del 10 al 15 % de la masa magra original. Muchos músculos extraordinariamente prominentes y que dejan pensativo al público no pueden obtenerse simplemente gracias a raciones hiperproteínicas y a un entrenamiento sostenido. Eso explica también que cuando se interrumpe el entrenamiento, y tan pronto se vuelve a su régimen original, el culturista pierde gran parte de la ganancia de masa obtenida.

Un excedente de proteínas que acaba por ser nefasto

Observemos que no existe relación alguna entre la cantidad de proteínas ingeridas y la ganancia de masa obtenida, aunque muchos levantadores de peso consideran que cuantas más proteínas se ingieren, más peso se gana. Se llega entonces a la situación caricaturesca en la que ciertos culturistas ingieren porciones de proteínas del orden de 3 a 4 g por kg de peso al día, mientras que un sedentario cubre todas sus necesidades de aminoácidos con una aportación de un gramo por kg y por día. La administración crónica de grandes excedentes no es inocua, pues genera problemas de eliminación y de degradación, que explican que al cabo de varios años gran número de adeptos a los deportes de fuerza, que han seguido regímenes hiperproteínicos, se encuentren con serios problemas renales o tendinosos. En nuestra opinión, una ración rica en hidratos de carbono y que suministre de 2 a 2,5 g por kg y por día de proteínas (englobando eventualmente preparaciones de buena calidad) es suficiente para optimizar la ganancia de masa o de fuerza que se busca con un trabajo de musculación. Esto es válido para el conjunto de disciplinas cuya preparación recurre al trabajo de fuerza.

Pérdida rápida de peso y rendimientos

«¿Se puede perder peso rápidamente sin comprometer sus rendimientos ni su estado de salud? Muchos deportistas lo consiguen aparentemente sin perjuicio.»

Los deportistas que siguen un régimen pierden esencialmente masa grasa, mientras que el régimen solo, hace perder también músculos. Así pues, logran perder peso rápidamente. Pero en caso de entrenamiento intensivo, se asiste a una degradación muscular y a rendimientos reducidos. Tan sólo a partir del cuarto mes recupera el deportista su potencia y el conjunto de sus capacidades físicas.

Evitar la degradación muscular

Al más alto nivel, muchos competidores y competidoras se someten efectivamente a regímenes severos con el objetivo de perder peso poco antes de las pruebas importantes. Tanto puede tratarse de adeptos a los deportes de combate como de practicantes del culturismo o de maratonianos. A priori, su nivel de deportista interviene favorablemente con respecto a los sedentarios. En efecto, se sabe que la combinación del entrenamiento y de la restricción alimentaria conduce a una pérdida de peso más especialmente centrada sobre las grasas corporales, mientras que el régimen por sí solo va acompañado más frecuentemente por una pérdida conjunta de masa magra (particularmente de músculos) y de masa grasa. Pero, ¿qué pasa con la evolución ponderal en presencia de un entrenamiento muy intenso, como en la fase precompetitiva, que solicita más las proteínas corporales? Un estudio reciente, centrado sobre remeras de nivel internacional, ha descrito los cambios consecutivos a la adopción de un régimen restrictivo. Estas deportistas, habiendo adoptado una alimentación severa, han sido objeto de una serie de evaluaciones relativas especialmente a su potencia, su peso, su masa magra, su masa grasa, todo ello a intervalos regulares, es decir al cabo de dos meses de restricción y después de cuatro meses. Los resultados no eran forzosamente previsibles, ya que la pérdida de peso puede influir de dos maneras contradictorias sobre el VO_2 máx, la medida de la «cilindrada» de la deportista: toda pérdida de masa grasa se traduce en un mejoramiento de la cilindrada, pero, a la inversa, toda disminución excesiva de la masa magra, que afecta por ejemplo a los músculos y los glóbulos rojos, provoca un descenso de las capacidades. Según la calidad del programa de adelgazamiento, los resultados pueden ser muy diferentes.

Rendimientos afectados hasta el cuarto mes

¿Qué se ha constatado? A medio recorrido, la pérdida de peso ha afectado en su mitad a la masa magra, lo cual corresponde a una degradación muscular netamente superior a la que se observa habitualmente en los deportistas. Evidentemente, teniendo en cuenta estas modificaciones morfológicas y privaciones alimentarias, se ha registrado simultáneamente una caída de la velocidad de competición, de la fuerza de los extensores de los brazos (elemento esencial en este deporte), y una disminución no significativa del VO_2 máx. Si hubiera sido necesario participar en una competición en ese momento, no hay duda de que los resultados habrían sido decepcionantes. Por el contrario, al final del régimen de cuatro meses, se comprobó que la pérdida de masa magra se había ralentizado, y que todos los parámetros fisiológicos habían subido, llegando incluso a un nivel superior al observado antes de esta preparación. Aparentemente se había producido una adaptación, se había recuperado la potencia y la pérdida de peso permitiendo un mejoramiento de la cilindrada. ¿Qué conclusión puede deducirse? Para perder peso sin alterar sus rendimientos deportivos, parece necesario un plazo de cuatro meses. Durante este periodo, cualquier participación en una prueba no deberá hacer concebir esperanzas desmesuradas, ya que el atleta evolucionará por debajo de su nivel. Otra conclusión de este estudio: emprender un trabajo de fuerza, asociado al entrenamiento aeróbico usual (footing, marcha), permite una recuperación de la potencia y del conjunto de las capacidades físicas. Limitarse a un entrenamiento en resistencia no daría realmente tan buenos resultados.

Judokas y pérdida rápida de peso

«Practico el judo de competición y, combatiendo en una categoría baja, necesito perder 5 kg en un mes. ¿Cómo lograrlo?»

Perder 5 kg de masa grasa en un mes parece imposible. Admitiendo que este objetivo fuera razonable, un régimen hiperproteínico tiene pocas probabilidades de éxito en tan poco tiempo. La sauna permite «disimular», eliminando varios litros de agua antes de la pesada, que se pueden recuperar por medio de una rehidratación antes del combate. Pero en cualquier caso se impone un seguimiento médico riguroso, pues estas prácticas son peligrosas.

La sobrecarga grasa de los judokas

El judo, como la mayor parte de los otros deportes de combate o las carreras hípicas, obliga a algunos de sus practicantes a someterse a restricciones alimentarias incompatibles con sus particularidades fisiológicas. Claramente, se exige a veces a ciertos competidores que bajen de manera exagerada su peso, y en particular que disminuyan de modo muy pronunciado su adiposidad, es decir su tasa de grasas corporales. Sin embargo, si los corredores a pie y los ciclistas de alto nivel consiguen mantener de manera duradera, y comiendo normalmente, tasas de grasas próximas al 6-7 %, obtener este resultado es bastante más difícil para los judokas. ¿Por qué? Sencillamente porque las características de su disciplina, a base de esfuerzos breves y discontinuos, no facilitan el gasto de grasas. Es verdad que siempre pueden añadir footings lentos a su entrenamiento frecuentemente cargado, pero corren el riesgo de perder dinamismo, tono y velocidad. Así pues, es necesario agregar un régimen severo a estas medidas.

El régimen

Dos precauciones previas se imponen. En primer lugar, es necesario determinar si el objetivo de pérdida de peso propuesto es razonable. Esta reflexión es indispensable, ya que no es cuestión de garantizar cualquier plan, y sobre todo aquellos programas alimentarios más severos y más peligrosos. Por otra parte, si se sabe por anticipado desde hace tiempo que va a ser necesario eliminar un excedente de peso, es mejor iniciar el programa alimentario antes de los 30 últimos días, a fin de limitar los riesgos de agotamiento y de enfermedad que acompañan frecuentemente a los regímenes severos propuestos en la fase última de la preparación. Quedan entonces por definir los medios. Digámoslo de entrada, no debe iniciarse ningún régimen sin una supervisión médica muy rigurosa. El régimen hiperproteínico recomendado en general en este caso no puede emprenderse, en efecto, más que con el aval de un médico. Este modo de alimentación, que conduce a excluir casi totalmente las fuentes de hidratos de carbono para no autorizar más que a las proteínas, las legumbres verdes y los productos lácteos, presenta ciertamente una gran eficacia, ventajas reales (como una relativa facilidad para seguirlo durante varias semanas y la ausencia de sensación de hambre), pero también se le atribuyen diversos inconvenientes, lo cual explica la imperiosa necesidad de que lo supervise un médico. Y, fatalmente, entre los gramos perdidos, figurarán preciosos elementos musculares...

La sauna

La utilización de la sauna, muy extendida, permite eliminar varios litros de agua corporal en el último minuto. En efecto, el plazo que separa la pesada del inicio de los combates permite programar una sesión de sauna antes de pasar por la balanza, para dejar algunos kilos de más, y recuperarlos luego antes del combate por medio de una estrategia de hidratación metódica. Pero esta medida comporta riesgos: repetida demasiado frecuentemente, puede conducir a una pérdida exagerada de ciertos minerales, anomalía tanto más inquietante cuanto el régimen severo iniciado simultáneamente no los suministra en cantidad suficiente. Este hábito causa fatiga y un descenso de vigilancia. Se sabe también que emprender un entrenamiento después de una sesión de sauna hace que la fuerza, la velocidad y la flexibilidad se reduzcan notablemente, tal como han establecido estudios efectuados con luchadores.

En realidad, el verdadero problema con que se encuentran la mayoría de estos deportistas es tener que evolucionar en un peso inferior a aquel para el cual se hallan programados por su patrimonio genético. ¿Quién puede desafiar de modo duradero las leyes de la naturaleza?...

Entrenamiento intensivo sin poder comer

«Practico el decathlon y me entreno alrededor de 18 horas por semana. Pero me entreno todos los días entre las 12 h y las 14 h con imposibilidad de comer antes ni después. Por otra parte, dos noches por semana, me encuentro con un problema idéntico. Presto atención a lo que como, actualmente tengo marcha, pero temo que en algún momento pueda tener problemas. ¿Qué me aconseja?»

Para evitar cualquier carencia, será necesario acostumbrarse a repartir la ración a todo lo largo de la jornada en horarios no habituales:

- *desayuno muy completo y diversificado,*
- *colación antes del entrenamiento (hacia las 10 h o hacia las 11 h 15),*
- *bebida energética en el curso de la sesión,*
- *hidratos de carbono después de la sesión (antes de la ducha y en el trabajo),*
- *nueva colación por la tarde,*
- *cena muy equilibrada.*

Hacer que el desayuno sea una verdadera comida muy diversificada

Las dificultades que se encuentran aquí son en realidad de dos órdenes. Al problema de la cobertura de las necesidades calóricas resultantes de un entrenamiento muy pesado se añade el más específico de las comidas escamoteadas por falta de tiempo. Aunque esta particularidad no deja de inquietar, debido a las verosímiles repercusiones que puede tener sobre el plan nutritivo, subrayemos, no obstante, que corresponde a una situación con la que se enfrentan corrientemente los ciclistas profesionales que, entre las estancias y las competiciones, pasan prácticamente un mediodía de cada dos sobre la bicicleta, mientras sus partidarios ingieren una buena comida... sin desarrollar por ello más carencias que el promedio de los otros deportistas. Esto vale para indicar que a pesar de la particularidad de este contexto, nuestro interlocutor puede conseguir perfectamente preservar su equilibrio nutritivo. Sin embargo, esto exigirá la adopción de medidas apropiadas, que no hay que abandonar a ningún precio...

La primera de ellas consistirá en dar preferencia al desayuno, y tomar una verdadera comida muy diversificada: a la fruta o al zumo de fruta le seguirán una porción de cereales (pan o galletas y/o cereales), un producto lácteo y un plato con proteínas (huevo, jamón o receta a base de leche de soja). La adopción definitiva de este principio impone una mayor diversificación de los menús servidos por la mañana: un plato de tortitas, arroz con leche, pastel de sémola, pudding, pan de centeno con nueces y pasas secas, además de queso fresco representan varias de las elecciones posibles. Una bebida caliente, glúcidos rápidos (miel, confitura, compota o tarta) completarán esta comida, a continuación de la cual será necesario hidratarse regularmente hasta la colación que precederá al entrenamiento. En efecto puede ser perjudicial no ingerir nada desde la mañana hasta la mitad de la tarde.

Repartir la ración durante la jornada en función de una cómoda digestión

Muchos deportistas consideran que es imposible entrenarse al mediodía, pues tienen hambre a las 12 horas. La cuestión, aquí, no es tanto saltarse una comida como la necesidad de situarla a un horario que no corresponde a nuestros hábitos sociales, lo que desestabiliza un poco, mientras que a un deportista cuidadoso de su higiene de vida se le pide que se alimente a horas relativamente fijas. Para convencerse, basta pensar que si nuestro lector residiera en España, no nos escribiría lo mismo, ya que raramente se toma el almuerzo antes de las 14 horas. El equilibrio alimentario consiste realmente en distribuir convenientemente la ración en tres o cuatro comidas, reservando ciertas franjas horarias para la ingestión de alimentos.

La colación de la mañana

Otro parámetro decisivo es la noción de plazo: la búsqueda de una cómoda digestión decidirá en qué momentos se va a comer. En el caso de un entrenamiento que se desarrolle a partir del mediodía, y considerando que el desayuno se habrá acabado a las 8 h, se podrá escoger entre dos estrategias distintas en el curso de la mañana: se prevendrá una colación donde predominen hidratos de carbono hacia las 10 h, constituida por ejemplo por una barra de cereales, frutos secos, zumo de fruta y un producto lácteo, o bien se limitará a la ingestión de una o dos barras 45 minutos antes del inicio de la actividad. Sobre todo, la ingestión no deberá efectuarse 60 o 90 minutos antes, pues entonces se expondría a un riesgo de hipoglucemia, ausente en la opción aquí propuesta. Estos dos procedimientos evitan llegar al terreno con carencia de energía, y protegen contra problemas gastrointestinales. En el curso de las sesiones se impone la toma frecuente de bebida energética, de modo que se llegue a sostener el esfuerzo exigido.

Después de la sesión

A continuación, incluso si no hay tiempo alguno disponible para ingerir una verdadera comida, quedará, no obstante, la posibilidad de consumir un alimento líquido completo justo antes de la ducha, o bien optar por un pastelito de arroz o de sémola. Cinco minutos serán suficientes, para lo cual puede acortarse ligeramente el final de la sesión. De regreso al trabajo, un zumo de fruta y algunos frutos secos suministrarán los hidratos de carbono requeridos para reconstituir las reservas de glucógeno y propiciar la recuperación.

Por la tarde, una colación a base de fruta, alajú, galletas o un producto lácteo asegurará la transición hasta la cena o el segundo entrenamiento. Ahí también, ninguna necesidad de liberarse una media hora. Esta opción sigue siendo compatible con un ritmo de vida muy sostenido, y cada uno puede aplicarla... Por la noche, será necesario elaborar una comida muy equilibrada, compuesta por legumbres verdes crudas y cocidas, un producto a base de harina (para reconstituir el glucógeno), carne, ave o pescado, y por último un producto lácteo. A lo largo de toda la jornada habrá que pensar en beber, al menos 1,5 l de agua en 24 horas. A fin de cuentas, si se efectúa la suma de todo lo ingerido en el curso de esta jornada, se observará que este practicante de decathlon satisface tan bien sus necesidades nutritivas como si se hubiera ajustado a los horarios habituales delante de las comidas clásicas. Simplemente habrá necesitado más método, mucha organización... ¡y un buen congelador!

Con respecto a este último, no estará de más recordar que las visitas demasiado frecuentes al mismo, van en contra de cualquier programación dietética.

La alimentación del velocista

«Practico la carrera de velocidad, y me gustaría saber si existen para esta disciplina reglas dietéticas tan precisas como para las distancias superiores.»

El velocista, o esprinter, a semejanza del maratoniano o del futbolista, debe respetar reglas dietéticas bien definidas para seguir en forma. Para constituir reservas de glucógeno muscular, necesita comer hidratos de carbono lentos (arroz, sémola, pasta) la antevíspera y la víspera de una reunión. En recuperación, la rapidez con la que ingiera los hidratos de carbono es igualmente determinante. También deberá consumir muchas proteínas (cuatro productos lácteos por día) y procurar hidratarse bien.

En teoría, pocos gastos calóricos

Si se comprende que el maratoniano o el especialista de medio fondo tengan necesidad de aportaciones elevadas de hidratos de carbono, se es más circunspecto frente al caso del corredor de 100 m, para el cual se considera habitualmente que la energía suministrada por el ATP o en su caso por el «fosfato de creatina» (CP) (la ramificación «anaerobia aláctica», como dicen los especialistas) sería la única que interviene significativamente. Ciertos escritos dedicados a la nutrición indican además que, cuando se corre, el gasto calórico depende a la vez del peso del deportista y de la distancia recorrida: es necesario contar alrededor de una caloría por kg de peso y por km, lo que equivale a decir que en el caso de un corredor de 100 m que pese 70 kg, el gasto se cifra solamente en 7 calorías... ¡o sea, lo que suministra medio terrón de azúcar! Si sólo debieran prevalecer estas consideraciones teóricas y numéricas, eso significaría que la aportación alimentaria no interviene de modo tan determinante como sobre las distancias superiores. Por tal razón, molestar a los especialistas de los arranques veloces con estas cuestiones no tendría justificación alguna.

Constituir reservas de hidratos de carbono

Sin embargo, no hay nada de eso. El aspecto altamente cualitativo de este tipo de esfuerzo ocasiona necesidades nutritivas e implica perturbaciones fisiológicas extremadamente severas, para las cuales proporciona respuesta la alimentación. Algunos estudios han demostrado de modo fehaciente la importancia de las consideraciones dietéticas para los deportes de velocidad. Indican especialmente que la tasa de ácido láctico y su evolución, en el esfuerzo y después de éste, que testimonian la intervención de los hidratos de carbono en los procesos energéticos, traducen la importante solicitación de que es objeto esta fuente de energía durante estos esfuerzos. Se deduce que sin reservas satisfactorias de glucógeno, los 40 m últimos implican el riesgo de ser muy penosos de correr. Por ello es una absoluta necesidad la constitución previa de reservas en las fibras rápidas. Esto pasa por elecciones alimentarias muy precisas: comer arroz, sémola o pasta la antevíspera y la víspera de una reunión se convierte en un imperativo ineludible para quien quiera triunfar. Esto se justifica igualmente en recuperación, ya que la rapidez con la que se suministran estos hidratos de carbono va a decidir el pronto y total restablecimiento del equilibrio celular.

Proteínas y una buena hidratación

Observemos también que el velocista, frecuentemente obligado a efectuar trabajo de musculación, debe procurar ingerir suficientes proteínas, y con tal efecto dará preferencia a los productos lácteos antes o después del ejercicio. Esto hará que deba ingerir cuatro porciones al día. Su carácter alcalino (antiácido) no obstaculizará el desarrollo de la recuperación y no favorecerá la acumulación masiva de derivados tóxicos en los músculos. Efectivamente, debe saberse que el sprint, y todos los esfuerzos extremadamente intensivos, son grandes proveedores de desechos, tales como el amoníaco o el ácido úrico, particularmente nocivos para las fibras. Las reglas aplicables en periodo de recuperación (ver «La ración de recuperación», capítulo 7) están particularmente recomendadas en este caso preciso. Es evidente que, como complemento, es indispensable una hidratación correcta, la cual minimiza notablemente el riesgo de lesión músculo-tendinosa.

La alimentación del maratoniano

«Cuando una prueba se inicia a las 8 h 30 de la mañana, ¿es necesario levantarse a las 5 h para comer pasta o existe otra solución?»

La última comida del día de la prueba no tiene incidencia alguna sobre las reservas de glúcidos de los músculos: sólo sirve para alimentar el hígado y evitar la hipoglucemia. Solamente son convenientes los hidratos de carbono lentos (arroz, pasta), pero su digestión impone un plazo de tres horas, que se puede bajar a dos horas si se contenta con una comida ligera y se toma seguidamente una preparación a base de fructosa.

Estar bien descansado y bien alimentado

La prioridad, para triunfar en un maratón, o cualquier otra prueba de duración comparable, es hallarse en perfecta disponibilidad física y mental. Lo que constituye una evidencia pasa en realidad por principios sencillos: estar bien descansado, no tener hambre, gozar de un estado de vigilancia perfecta, y no encontrarse perturbado por el estrés. Lógicamente, el desarrollo de las últimas noches (y más la de la antevíspera que la última), la composición de la última comida, y la manera de matar el tiempo hasta la salida juegan un papel esencial. Hacer lo debido cuando sea necesario, evitar los errores y la cavilación no garantizan que se vaya a realizar un crono récord, pero reduce singularmente el riesgo de rendimiento adverso. No existe una regla única e inmutable. Quizás un día, con un ligero déficit de sueño por un trabajo demasiado acuciante, prefiera quedarse en la cama, persuadido de que eso le beneficiará, pero al obrar así recortará el plazo de la digestión. La vez siguiente, bien descansado, tenso por lo que se ventila, pasa la noche dando vueltas en la cama, y desde las 5 horas, fresco y dispuesto, se dirige a la cocina para tomar un desayuno abundante, siguiendo la regla básica de tres horas a tres horas y media antes de la salida.

Comer hidratos de carbono lentos y beber fructosa al menos dos horas antes de la prueba

Es preciso saber que el punto más importante, concerniente a esta comida, no es su volumen (su riqueza) sino el plazo que la separa de la salida y la naturaleza de lo que se ingiere. En el plano dietético, el factor capital para tener éxito en el maratón consiste en almacenar suficiente glucógeno en los músculos. Las comidas del jueves y del viernes se revelan cruciales al respecto, las del sábado intervienen mucho menos, y la comida del domingo antes de la carrera no influye apenas. Sirve solamente para subir las reservas del hígado y evitar la hipoglucemia en el curso del esfuerzo sin contrariar la movilización de las grasas. Efectivamente, hay que saber que la solución que podría imaginarse en su caso, y que consiste en ingerir una bebida glucídica a intervalos regulares entre el momento de levantarse (90 minutos antes de la salida) y el disparo que inicia la prueba, puede convenir para esfuerzos de menos de una hora, pero no totalmente en el caso del maratón. ¿Por qué? Aunque esa gestión permite incrementar la presencia de glucosa en la sangre, de donde los músculos la toman, esto va acompañado también de la liberación de una hormona, la insulina, que bloquea la movilización de las grasas de reserva y del glucógeno. Así, más allá de los 60 minutos de carrera, este proceso conduce progresivamente al cierre del «grifo», y el maratoniano va a caer poco a poco en sequía de recursos. La toma de «hidratos de carbono lentos», como la pasta, evita este inconveniente, pero su digestión impone concederse un plazo suficiente, idealmente tres horas, que pueden reducirse excepcionalmente a dos horas si uno se contenta con una comida frugal (un solo plato pequeño de arroz o pasta) y se toma a continuación una preparación a base de fructosa. ¿Por qué? Esto limitará la amplitud de las fluctuaciones de la glucemia debido al estrés, pero su asimilación no pone en juego a la insulina. Por tanto, su consumo no tendrá incidencia alguna sobre la mezcla utilizada seguidamente por los músculos.

En resumen

- La víspera por la noche, muchos hidratos de carbono.
- Dos horas como mínimo antes de la salida: un plato de pasta y un yogur (aporte proteico necesario).
- Desde la comida hasta el calentamiento: bebida con fructosa (1/2 litro en 90 minutos).
- Desde el calentamiento: bebida energética.
- En carrera: bebida energética tomada a intervalos regulares cada 15 minutos, y después de la segunda hora cada 10 minutos.

Las «fiestas de pasta» de los maratonianos y los esquiadores de fondo

«¿Por qué los maratonianos y los esquiadores de fondo se dedican a atiborrarse en las «fiestas de pasta» las vísperas de las grandes competiciones?

Un aporte abundante de hidratos de carbono está justificado antes de una prueba de maratón, pues las reservas musculares de glucógeno corren el riesgo de ser entonces totalmente utilizadas. Pero el momento ideal para emprender este «atiborramiento» se sitúa dos y tres días antes del término más que la víspera por la noche, donde una ración normal de pasta será suficiente.

Reservas de glucógeno que se trata de hacer durar

El maratón, entre el conjunto de distancias corridas, se revela muy particular en el sentido de que se trata de un esfuerzo a la vez largo y relativamente intenso, lo cual constituye una situación única. Por tal razón, este tipo de ejercicio recurre fuertemente a la combustión de los glúcidos presentes en el organismo, y más particularmente a las reservas disponibles en el músculo bajo forma de glucógeno, que en el marco de este esfuerzo amenazan agotarse totalmente antes de que el participante llegue a la meta. Este glucógeno no es otra cosa que un conjunto complejo de moléculas de glucosa. No se dispone de ellas más que en cantidad limitada, y el principal problema que se encuentra en el maratón es saber en qué momento va a sobrevenir el agotamiento de estas reservas de «super» (como se denomina a veces al glucógeno, en oposición con las grasas, que se comparan más bien con el «gasóleo»...). En realidad, lo más seguro es que el éxito sonría a aquel que pueda hacer durar lo más posible su glucógeno, manteniendo al mismo tiempo un ritmo elevado. Esta posibilidad dependerá del nivel al cual habrá llenado previamente estos depósitos, de modo similar al conductor prudente que pasa por la gasolinera a llenar el depósito de su coche antes de un trayecto largo.

Dos grandes familias de hidratos de carbono

La saturación de estas reservas impone la ingestión, en los tres días anteriores a la carrera, de cantidades abundantes de hidratos de carbono. Esto constituye el principio del «régimen hiperglucídico». Equivale, en la práctica, a privilegiar exageradamente el conjunto de los alimentos ricos en hidratos de carbono. En lo esencial se trata de dos familias de alimentos:

- Los dotados de un sabor azucarado, y calificados como «hidratos de carbono simples» o «glúcidos rápidos». Se trata, por ejemplo, de miel, confitura, zumo de fruta o bebida energética. Sirven de complemento a la segunda familia, mejor representada.
- Los «glúcidos lentos» o «hidratos de carbono complejos» que, al contrario de los primeros, no presentan sabor azucarado. Los principales miembros de este grupo son la pasta, el arroz, las patatas, la sémola, las legumbres secas o el pan. Esto explica la predilección de los maratonianos por los espaguetis, pero ¿justifica eso la práctica de las «fiestas de pasta»?

Las «fiestas de pasta» más bien dos o tres días antes de la prueba

A priori, está justificada la idea de ingerir un máximo de pasta la víspera de una prueba, a fin de almacenar la mayor cantidad posible de «super». Pero desde hace algunos años se ha revisado este punto de vista. ¿Por qué? Las primeras publicaciones dedicadas a este tema no insistían verdaderamente sobre un punto que hoy se considera esencial: la constitución como reserva de la «super» no se efectúa de la misma manera el jueves que el sábado, aun cuando se suministre cada vez la misma cantidad de hidratos de carbono. La constitución de la reserva se desarrolla más fácilmente y de modo más importante durante las 24 primeras horas del «régimen hiperglucídico». La amplitud y la velocidad del proceso disminuyen a medida que el llenado aumenta. Es como si, en un depósito de gasolina con capacidad para 40 litros, se necesitase más tiempo para introducir los últimos litros. Estas particularidades cronológicas sugieren que las «fiestas de pasta» deberían situarse más bien 72 o 48 horas antes de la salida de una prueba, lo cual no es tan agradable en el plano de la buena convivencia. Además, la ingestión el sábado por la noche, poco antes de la prueba, de una cantidad abundante de pasta o de arroz en el contexto del estrés precompetitivo, podría ocasionar problemas digestivos en el curso de la prueba del día siguiente.

El Maratón de las Arenas

«Deseo participar en el próximo Maratón de las Arenas, prueba que se desarrolla en autonomía total, y en la cual la organización sólo suministra agua. ¿Podría darme algunos preciosos consejos, tanto sobre los aportes durante las etapas como sobre los de la noche y la mañana, sabiendo que es necesario partir lo más ligero posible?»

Para un peso de víveres de alrededor de 4 kg, el maratoniano consumirá cada día:

- *en el desayuno, 40 a 50 g de cereales preparados con leche en polvo (20 g) y cacao (10 g), una bolsita de té o de café en polvo y una de azúcar o de fructosa en polvo, así como frutos secos (dos higos de 20 g);*
- *una bebida energética compuesta, como máximo, de 160 g de polímeros en polvo;*
- *una barra energética cada dos horas durante la etapa;*
- *una barra energética para 10 km de carrera y medio litro de bebida (o de agua) por hora;*
- *en la comida después de la etapa: 100 g de arroz o de pasta, o dos bolsitas de puré «con leche y con queso», a las cuales se añadirá parmesano, una bolsita de leche de soja en polvo;*
- *para la noche: un tetrabrik de leche condensada azucarada, eventualmente huevo en polvo o un poco de salchichón o jamón (es necesario consumir 5 g de sal por día).*

Gastos calóricos que será imposible compensar enteramente

El principio de esta prueba muy apreciada consiste en encadenar seis etapas en siete días. Estos tramos presentan una longitud variable, comprendida entre 20 y 75 km, y el más largo se corre el cuarto y el quinto día. Los participantes deben llevar los víveres de la semana en su mochila. Por tanto, es necesario mostrarse muy riguroso. Dos observaciones previas se imponen. La primera es que emprender esta prueba causará obligatoriamente una pérdida de peso. En efecto, será imposible compensar íntegramente el gasto calórico ocasionado. Si se descuida el coste suplementario calórico debido a la naturaleza muy difícil del terreno (arena, desierto) y que por tanto sobrecarga singularmente el pasivo, y se estima en 5 kg el peso medio de la mochila, un individuo de 65 kg gastará 14.700 calorías en 7 días, o sea 2.100 calorías diarias, que se añaden a las aproximadamente 1.600 que corresponden al «metabolismo de reposo». Así pues, se queman como mínimo 3.700 calorías cada 24 horas. Sin embargo, la ración media sobre tal prueba raramente excede de 2.500 cal por día, lo cual representa un severo déficit, soportado en parte por dos razones. Por una parte, el carácter excepcional de la prueba y la desorientación hacen pasar a segundo plano la alimentación muy restrictiva que los participantes deben contentarse con ingerir. Por otra parte, la monotonía debida a una gama limitada de productos (arroz, pasta, leche en polvo, eventualmente alimentos liofilizados) sacía más rápidamente. La segunda observación deriva de la anterior: los últimos días antes de la salida de la prueba deberán aprovecharse para saturar las reservas de glucógeno muscular, de manera que se aborde este periplo bajo los mejores auspicios. Pero una vez en el terreno, ¿cómo proceder?

Las raciones durante el Maratón de las Arenas

Por la mañana, será necesario prever ingerir cereales («müesli» soluble por ejemplo), alrededor de 40 a 50 g/d preparados con leche en polvo (20 g/d) y cacao (10 g/d). Unos frutos secos (dos higos de 20 g/d) completarán este desayuno, seguido de la toma de medio litro de bebida glucídica (a 60 g/l). Se llevarán siete bolsitas de té o de café en polvo, otro tanto de azúcar o de fructosa en polvo, a fin de prepararse una bebida caliente para el desayuno. En la salida, la mochila contendrá la bebida energética para toda la semana. Conviene calcular justo, para evitar a la vez el desfallecimiento y una mochila demasiado cargada. A título de previsión, se contará como máximo 160 g de polímeros por día, o sea 2,5 l/d de bebida, lo cual parece el compromiso menos malo. En el curso de la etapa, se ingerirá una barra cada dos horas (evitar el dulce de fruta, susceptible de fundirse o derramarse), y la bebida energética restante, con excepción de 20 g de polvo guardado para la recuperación. Para evitar cualquier problema de dosificación, y con el objetivo de facilitar el transporte de las cantidades estrictamente necesarias, se preverá antes de la salida colocar el polvo en bolsas de plástico numeradas por días. La jornada «non-stop» (75 km) deberá dar lugar a una gestión muy prudente del agua y de los víveres. Ese día hay que contar con una barra energética cada 10 km de carrera y medio litro de bebida (o de agua) por hora. La comida tomada después de la etapa se compondrá de 100 g (peso crudo) de arroz o de pasta (condicionados también por anticipado) o dos bolsitas de puré «con leche y con queso», a los que se añadirá parmesano (se llevará un envase de 150 g). Se completará con la toma de una bolsita de leche de soja en polvo, un tetrabrik de leche concentrada azucarada para la noche, y se recurrirá también, según las posibilidades, al huevo en polvo. Ciertos años, los participantes se proveen de un salchichón o jamón. No se trata de una precaución superflua, ya que los que no llevan liofilizado y empiezan la guerra del peso, no disponen de ninguna otra proteína más que la leche en polvo. Además, la riqueza en lípidos de estos alimentos puede aumentar el valor energético de la ración y contribuir a minimizar la amplitud del déficit calórico creado etapa tras etapa. También aportan sal, indispensable para el éxito de tal empresa. Como complemento, lleve un pequeño salero, que contenga unos 5 g de sodio por día. ¿Corre ligero gracias a estas precauciones? Incluso siendo estricto, el conjunto de estas recomendaciones mínimas (2 comidas al día y avituallamiento aligerado) conduce a un peso de víveres próximo a los 4 kg, mientras que el aporte energético medio se sitúa alrededor de 2.400 calorías diarias.

Necesidades nutritivas del niño deportista

«¿Tienen necesidades nutritivas particulares los niños que hacen deporte y están en periodo de crecimiento?»

El crecimiento y el ejercicio físico aumentan las necesidades de vitaminas, minerales, proteínas y los gastos calóricos. En caso de entrenamiento pesado, si la alimentación no cubre estas necesidades, el crecimiento o los rendimientos deportivos pueden verse afectados. Para evitarlo, el niño debe tomar un verdadero desayuno, un «diez horas» y un «cuatro horas», un almuerzo y una cena equilibrados, beber mucho, consumir productos lácteos y ciertos alimentos como los cereales, la mantequilla, los huevos y el chocolate.

Necesidades incrementadas de vitaminas, minerales y proteínas

El estudio de las necesidades nutritivas del niño deportista es un tema extremadamente delicado, ya que un entrenamiento pesado en periodo de crecimiento puede perturbar severamente el funcionamiento de diversos órganos. En la pubertad, la constitución de nuevas células y el desarrollo de diversos tejidos necesitan un aporte suplementario de energía, pues la construcción de estas nuevas estructuras es extremadamente costosa. La aportación de ciertas sustancias de mantenimiento, como las vitaminas y la mayoría de los minerales, y los de elementos constructores (proteínas) se incrementan igualmente. En consecuencia, el conjunto de la ración debe ser objeto de una adaptación. Mientras el joven no emprenda un entrenamiento demasiado pesado y no se someta a un régimen restrictivo, puede satisfacer poco más o menos convenientemente el conjunto de estas necesidades, aunque no escapará a una fuerte fatiga. Pero si se inicia un entrenamiento pesado, el organismo se hallará sometido a dos molestias antagonistas, a las cuales no podrá corresponder completamente. El ejercicio físico acentúa, en efecto, las pérdidas de ciertos elementos minerales, aumenta las necesidades calóricas y vitamínicas, y orienta el funcionamiento de nuestro organismo de tal manera que va a conducirle a efectuar elecciones: así, en ciertos casos, el crecimiento será afectado, dando señales de evidente ralentización, mientras que en otros va a desarrollarse poco más o menos convenientemente, pero los rendimientos, la aptitud para seguir los entrenamientos, o las defensas inmunitarias, se degradarán seriamente. En el plano escolar, ciertas anomalías no tardarán en manifestarse, lo que conducirá inevitablemente a redefinir las prioridades. Entonces se hace necesario el aligeramiento del entrenamiento, y eventualmente incluso su interrupción temporal, si el niño da señales demasiado evidentes de fatiga.

Los principios de alimentación de los niños deportistas

La alimentación del joven que crece se basa en siete puntos clave:

- *No saltarse el desayuno,* con demasiada frecuencia soslayado todavía por gran número de niños. Como mínimo, se compondrá de una fruta o un zumo de frutas, un producto lácteo y cereales, bajo forma de copos de maíz, de pan o incluso de bollo o pastelito de arroz.

• *Prever un «diez horas» y un «cuatro horas».* La sensación de hambre aparece más rápidamente en el niño que en el adulto. Por tanto, es necesario prever colaciones para media mañana y para la tarde. Estos pequeños tentempiés se compondrán de un producto lácteo (batido de leche en tetrabrik, por ejemplo), de una barra de cereales y de frutos secos.

• *Equilibrar el almuerzo y la cena.* Estas comidas deben suministrar las proteínas requeridas por el crecimiento, a razón de 2,5 g de proteínas por kg de peso. Para un niño de 30 kg, esto corresponde a una necesidad de 75 g, el equivalente a 150 g de carne, un huevo, tres productos lácteos y una porción cotidiana de pan.

• *Beber mucho.* Naturalmente, un niño se hidrata más que un adulto. Eso es estupendo, ya que en periodo de crecimiento, el aumento de la fijación de proteínas necesita una aportación superior de agua. Lo que plantea un verdadero problema es que dos niños de cada tres no beben nunca agua pura, y prefieren refrescos azucarados. Es necesario enseñarles a que les guste el agua de nuevo.

• *Consumir productos lácteos.* Una ingestión insuficiente de productos lácteos constituye sin duda el error que cometen más frecuentemente los jóvenes (especialmente los adolescentes), y el más perjudicial a causa de su impacto, a corto plazo, sobre la solidez del hueso. Los especialistas recomiendan ingerir cuatro porciones cotidianas de productos lácteos, una porción consistente en un vaso de leche (25 cl), un yogur, una ración de queso tierno (200 g), 40 g de queso curado, un flan o dos petits suisses.

• *Dar preferencia a ciertos alimentos.* Los cereales llevan vitaminas (B_1, B_2), que se requieren en mayor cantidad durante el crecimiento, la mantequilla y los huevos suministran la vitamina D «antirraquítica», la leche chocolateada y el cacao aportan vitamina B_6, y los zumos de fruta proporcionan la vitamina C necesaria. ¡Afortunadamente, es raro que a los niños no les gusten estos alimentos!

• *Ejercitar la imaginación.* Para incitar a los niños a alimentarse de modo conveniente y suficiente, no dude en aportar una nota de algo imprevisto a los menús. En invierno, los potajes espesos, las crêpes saladas, y los gratinados de legumbres serán muy bien recibidos. En verano, las ensaladas compuestas y las barbacoas, los picnics improvisados romperán la rutina.

La comida del niño antes de su actividad deportiva

«¿Qué prever como comida para los niños inscritos en una escuela de atletismo, y que se entrenan el miércoles y el sábado a partir de las 14 horas?»

Idealmente, esta comida debe estar compuesta por hidratos de carbono lentos (arroz, pasta, sémola o patatas) y debe separarla un plazo de tres horas del inicio del entrenamiento. Si esto no es posible, será necesario prever un desayuno sólido, un tentempié hacia las 10 h 30 y un almuerzo ligero (una porción pequeña de arroz, pasta o sémola, y un yogur) hacia las 12 h 30.

En teoría, una comida rica en hidratos de carbono lentos tomada tres horas antes del esfuerzo

Esta situación incómoda, con respecto al horario, se da con más frecuencia de lo que pudiera imaginarse, y en el seno mismo de estructuras previstas para acoger a jóvenes deportistas de alto nivel. Mientras que ningún adulto que tomase parte en competiciones aceptaría encontrarse en la pista inmediatamente después de haber ingerido una comida, se expone alegremente a los más jóvenes a lo que puede llegar a ser una verdadera tortura. ¡Imagine lo que puede suceder en una sesión de natación iniciada 30 minutos después de haber ingerido un bistec con patatas fritas en la cantina del colegio! Es preciso recordar, y nunca nos cansaremos bastante de hacerlo, que existe incompatibilidad entre la digestión y el trabajo muscular, y que esta oposición llega a ser insoportable si se proponen manjares muy indigestos antes de la actividad, y que esto exige esfuerzos muy intensivos, a veces máximos. Pueden añadirse las molestias ocasionadas por la exposición a temperaturas incómodas, ya sea el calor (en el caso del ciclismo o de la carrera a pie), ya por el contrario el frío (como en el caso de un entrenamiento en el agua helada o en la nieve). Idealmente, debe haber un plazo de separación de tres horas entre el final de la comida y el inicio del entrenamiento, y esta última comida debe estar constituida principalmente por alimentos ricos en hidratos de carbono (arroz, pasta, sémola o patatas), que ofrecen la triple ventaja de ser muy apreciados por los más jóvenes, proporcionar rápidamente la energía disponible para los esfuerzos a realizar, y por último no ocasionar un duro trabajo digestivo.

En la práctica, un desayuno sólido, un tentempié y una comida ligera

Pero en la práctica, el plazo que separa la ingestión alimentaria del inicio de la actividad se halla fuertemente reducido, en especial porque muchas pruebas se interrumpen el sábado hacia las 12 h, y teniendo en cuenta el trayecto (a veces superior a 30 minutos en algunos sitios), ciertos jóvenes pasan a la mesa poco antes de ir a entrenarse. Como está fuera de cuestión suprimir esta comida, uno debe adaptarse considerando otro enfoque. En primer lugar, esos días hay que prever un desayuno sólido, más copioso que de ordinario. Luego programar un tentempié hacia las 10 h 30, compuesto como mínimo por barras de cereales, galletas o alajú, o pan, frutos frescos y secos y un producto lácteo (un tetrabrik de leche con cacao o un yogur para beber). Por último, 1 h 30 antes del entrenamiento, se servirá una pequeña cantidad de arroz, pasta o sémola, seguida de un yogur, que será de fácil digestión y calmará convenientemente el hambre de los más voraces. Se evitará el puré, que muchos no se toman la molestia de masticar adecuadamente antes de deglutirlo, lo cual puede favorecer los problemas digestivos. Por el contrario, el pastel de arroz o de sémola es muy conveniente.

Después del entrenamiento

Una merienda variada recibirá a estos jóvenes al regreso de su entrenamiento, y la cena permitirá diversificar más comiendo las verduras y la carne (o el pescado) que no se hayan ingerido al mediodía. Evidentemente, si las sesiones se desarrollan en el marco de una estructura institucionalizada (por ejemplo el club deportivo de un instituto), la solución consistirá en adaptar los horarios de comidas y de sesiones, de manera que se respete absolutamente el plazo de tres horas, pues de lo contrario se propiciaría, al cabo del tiempo, la aparición de problemas nutritivos y de anomalías del comportamiento alimentario, entre otros posibles trastornos.

6

ERGÓGENOS Y ESTIMULANTES

La dietética contra el dopaje

«El deporte profesional, a imagen del ciclismo, se compromete cada vez más resueltamente en la lucha antidopaje. Un buen conocimiento y una aplicación metódica de los principios de la dietética deportiva, ¿pueden constituir un medio eficaz de lucha contra esta plaga?»

Es verdad que el conocimiento y la aplicación de los principios dietéticos mejoran sensiblemente los rendimientos y la recuperación, y permiten diferir de manera completamente natural las fronteras de la fatiga sin recurrir a las sustancias dopantes. Pero la dietética sola no podrá erradicar la práctica del dopaje: los controles deben ser también más rigurosos y los deportistas han de estar mejor informados.

El delicado dilema del dopaje

Habiendo colaborado con profesionales, yo podría perfectamente adoptar tanto el discurso de circunstancias que ha prevalecido durante mucho tiempo, del estilo: «Si no hay casos positivos, es que nadie se dopa», como la opción contraria que consiste en bailar al son que tocan denunciando un montón de trampas generalizadas. La realidad es mucho más compleja, y pedir a los deportistas que resuelvan por sí mismos el problema del dopaje obligaría a accionar palancas que no dominan. Se está así en la misma situación que los partidarios del desarme, que han reducido su arsenal nuclear de manera muy apreciable (y espontáneamente), pero que no adoptarán la opción «cero» más que si sus vecinos hacen lo mismo. Situémonos en el contexto del ciclismo: la decisión de prohibir *de facto* toda forma de dopaje en su equipo, constituiría para un director deportivo, una opción de imprevisibles consecuencias, ya que no sabría en qué medida la misma le pondría, con el tiempo, a las puertas del despido por falta de resultados. Se encuentra, por tanto, dividido entre el deseo evidente de erradicar el problema, mostrándose muy severo frente a cualquier francotirador que recurriese todavía a las viejas recetas, y el de asegurar la perennidad de su grupo, ¡tarea considerable donde las haya! El margen de maniobra es ínfimo, y sin duda excesivo, tal como nos lo ha mostrado una actualidad muy tensa en el medio ciclista. Hay que preguntarse si, a pesar de la adopción de controles sanguíneos, aún les es posible a los corredores que «se toman en serio su profesión» ocupar más la delantera de la escena.

La dietética como alternativa al dopaje

En este sentido, cuidar su higiene de vida, vigilar su sueño y su alimentación se convierten en teoría en triunfos evidentes, en la medida en que los descartes que podría atrapar de manera artificial, como el recurso a las anfetaminas que pudieran borrar el efecto de noches demasiado cortas o bloquear la sensación de hambre en un corredor demasiado pesado, no pueden servir de paliativo. A este respecto, puede decirse que la prevención de las carencias minerales, el recurso a los complementos nutritivos o a las bebidas energéticas administradas inmediatamente después del esfuerzo permiten diferir de manera completamente natural las fronteras de la fatiga. La dietética sustituye perfectamente a los dopantes de otro tiempo. El rigor con que se rehidrata cualquier corredor del Tour después de cada etapa, engulle metódicamente su pasta por la noche, o consume bebidas energéticas durante la carrera, testimonia esta alegre evolución.

Verificar la composición de todos los productos

Sin embargo, no cantemos victoria. Efectivamente, una nueva evolución de costumbres hacia un ciclismo limpio sólo podrá obtenerse si, desde las categorías juveniles, se inculca a los practicantes las bases de una buena dietética, si se aprende a utilizar los complementos nutritivos en el momento oportuno, o si se demuestra buen juicio ante la propuesta sospechosa de un «veterano», referente a frascos sin etiqueta, píldoras de todas formas y colores, o cualquier sustancia milagrosa. La experiencia demuestra que no se puede aconsejar de manera totalmente objetiva a un ciclista si se está directamente implicado en sus resultados, pues nada garantiza que entonces el objetivo prioritario será la conservación de la salud del corredor. En este sentido, un buen médico de familia representa una garantía de seguridad muy útil. Así pues, se deberá adquirir, como si fuera un reflejo, el hábito de someterle, antes de cualquier utilización, los eventuales productos que le hayan aconsejado ingerir, con el fin de evitar cualquier problema. Dentro de la misma tónica, rechace *a priori* cualquier bebida o complemento cuya composición no pueda conocer instantáneamente.

Reforzar los controles y educar a los deportistas

Así las cosas, el interés de la dietética en la prevención del dopaje es enorme, pero presenta problemas de límites, especialmente porque siempre se encontrará un elemento potencialmente mejorable en la alimentación de cada uno. En otras palabras, mientras uno no corrija sus hábitos alimentarios, no optimizará sus posibilidades. ¿Pero luego? Una verdadera política antidopaje que comprenda un reforzamiento de los controles y de su nivel técnico constituye la primera prioridad. La segunda es educar a los deportistas y, en este plano, aquellos que hagan gala de mayor seriedad cosecharán los dividendos de esta actitud. Simultáneamente, la puesta en marcha de un enfoque metódico para la preparación de la elite, con cargas de trabajo, zonas de recuperación y una dietética adaptada, garantizará la obtención de resultados regulares, tal como hemos constatado reiteradamente en nuestra práctica cotidiana desde hace más de 12 años. En este sentido, la dietética constituye una alternativa al dopaje, aun cuando no aporte una prueba total de su eficacia hasta que éste haya sido erradicado.

La cafeína y la utilización de las grasas

«Practico el esquí de fondo en competición desde hace 5 años. Desde mi primera carrera, siguiendo un consejo que me dieron, bebo dos cafés muy fuertes, pues parece que la cafeína favorece la utilización de las grasas. Quisiera saber si esto es verdad y si vale la pena tener dolor de estómago, como es mi caso, cada vez que sigo este consejo.»

¡No! Contrariamente a lo que se ha creído desde hace tiempo, la cafeína no favorece la movilización de las grasas. Además, ejerce un efecto diurético que aumenta la deshidratación y puede provocar dolores de estómago. En este caso, absténgase de consumirla, sus rendimientos no se verán afectados.

El mito de la movilización de las grasas y del «latigazo»

Desde el final de los años 1970, ciertos especialistas han emitido la hipótesis de que la cafeína podía mejorar los rendimientos. Hacía falta para ello aportarla preferentemente antes del ejercicio. Se pensaba que, gracias a este artificio, se favorecía la movilización y la utilización de las grasas. El efecto se manifiesta, en teoría, al cabo de cierta latencia, lo cual explica por qué se aconsejaba aportarla antes de las primeras zancadas. Más recientemente, se ha planteado la cuestión de si los efectos «psicotropos» bien conocidos de esta sustancia, es decir su aptitud para estimular las funciones cerebrales, no podían también ser interesantes, especialmente en el marco de esfuerzos de larga duración. Esta cuestión se planteaba obligatoriamente. Así, tomar cafeína antes de la salida de una prueba matinal ayuda a subir su nivel de vigilancia, al igual que antes de un trayecto largo en coche o antes de un examen. Pero su ingestión en el curso de la actividad, para un eventual «latigazo» (utilizando la expresión de ciertos fabricantes de bebidas del esfuerzo o de elixires a base de cafeína), no produce beneficio alguno. Sin embargo, esto no ha impedido la generalización de las *«energy drinks»* y la persistencia, especialmente en el ciclismo, del recurso a las bebidas cafeinadas durante el esfuerzo.

La cafeína no estimula la utilización de las grasas

Se ha comprobado que la ingestión de cafeína, principio activo del café y del té (es la misma sustancia que la teína), no estimula más que excepcionalmente, y de modo muy débil cuando esto se produce, la movilización y la utilización de las grasas. ¿Por qué? Por una parte, un entrenamiento regular ya desarrolla por sí mismo la aptitud del músculo para economizar el glucógeno a expensas de las reservas de grasas. Por otra parte, un régimen precompetitivo rico en hidratos de carbono anula este eventual efecto de la cafeína. Además, éste, si se manifiesta, sobreviene al término de un plazo mínimo de cuatro horas. Sin embargo, los estudios iniciales que presentaban a la cafeína como un estimulante de la utilización de las grasas recomendaban ingerirla una hora antes de la salida. Así se habrían necesitado más de tres horas de ejercicios para obtener algún beneficio. Por otra parte el nivel habitual de consumo, muy variable de un individuo a otro, y que determina la reacción de cada sujeto a esta molécula, no se tuvo en cuenta en los estudios iniciales. Sin embargo, quien bebe habitualmente varios cafés al día no obtendrá verosímilmente provecho alguno de un aumento de ingestión el día de una prueba. Por último, muchos de los estudios que en su origen hallaron un efecto positivo imponían a los participantes voluntarios efectuar los tests de esfuerzo en ayunas. No sólo se trata de una situación sin relación con la que se encuentra en la realidad, sino también este contexto particular favorece la movilización de las grasas corporales. Expresado de otro modo, la cafeína no hace entonces más que reforzar un mecanismo fisiológico.

Dolores de estómago y aumento de la deshidratación

Por el contrario, se trata de una molécula susceptible de activar la liberación de jugo gástrico (llamado también ácido clorhídrico), y conectada con el estrés precompetitivo, particularidad ésta que puede ser suficiente para desencadenar severos dolores de estómago. La cafeína se caracteriza además por sus virtudes diuréticas, bien conocidas por los bebedores de té inmoderados, y, teniendo en cuenta los problemas planteados por la deshidratación en el esfuerzo, cabe preguntarse en qué medida la ingestión de tales preparaciones no actúa de modo desfavorable sobre el estado hídrico de los consumidores.

Para concluir, si figura entre los consumidores habituales de cafeína, no renuncie a sus hábitos antes de una prueba (siempre, por supuesto, que no experimente ningún dolor gástrico). Por el contrario, si se trata de una sustancia que sólo ingiere muy raramente, absténgase de tomarla antes del esfuerzo. Se evitará así serios disgustos... y su rendimiento no se afectará ni un ápice...

El ginseng contra la fatiga y el estrés

«Practico el maratón y ejerzo una actividad de director de empresa, lo cual me influye en la fatiga y el estrés. He leído que en mi caso una cura de ginseng me podría ser muy beneficiosa. ¿Es esto exacto?»

Efectivamente, el ginseng (bajo su forma de extracto estandarizado y no como componente de decocciones caprichosas) es un «adaptógeno», es decir una sustancia que permite al organismo adaptarse a los diversos estrés, y por tanto resistir mejor a la fatiga.

Mixturas que contienen no se sabe qué

Conocido desde la antigüedad, el ginseng es una planta a la que se le han atribuido las propiedades más diversas. Los primeros tratados de medicina china lo describían como una panacea, afirmación perpetuada hasta hoy, pero criticada por un importante sector del cuerpo médico debido a la falta de argumentos de carácter científico que debían ser aportados por sus celosos prescriptores. Ciertos deportistas lo emplean bajo formas muy diversificadas, persuadidos de que el recurso a esta planta puede jugar un rol beneficioso sobre su estado de forma. Sin embargo, se plantea un verdadero problema: desde hace tiempo, la falta de rigor en la cosecha, en la preparación y en la distribución de los productos «con ginseng» podía conducir a ingerir mixturas de composiciones muy fluctuantes, desprovistas a veces de la menor propiedad biológica o, peor todavía, contaminadas por sustancias prohibidas. Así en 1988 se describió en los Juegos de Seúl el caso de un deportista inglés controlado positivo de efedrina. Después de la investigación, se comprobó que había comprado una decocción artesana a base de ginseng que contenía, por razones ignoradas, este dopante. Por esos riesgos, hace cierto tiempo que se ha frenado la generalización de la utilización de una planta para la cual, por otra parte, los estudios serios han sido tan raros como un elefante sobre un banco de hielo. El carácter extravagante de la mayor parte de preparaciones a base de ginseng que se proponen, ya sea bajo forma de alcoholatos, decocciones, cápsulas o tés con contenido muy fluctuante, si no misterioso, nos ha disuadido desde hace tiempo, evidentemente, de aconsejar ningún producto a base de ginseng a los deportistas, aun cuando en teoría esta planta presente un interés real.

El ginseng estandarizado permite luchar contra la fatiga

Por esta razón, se debe dar la bienvenida a la evolución aportada por la aparición en el mercado de un extracto estandarizado que incluye los principios activos de esta raíz, obtenidos por agricultores que han respetado escrupulosamente unas normas estrictas, con un rigor típicamente farmacéutico. Aunque la obtención del «G115» (como se denomina a esta preparación) no constituye más que una primera etapa, se espera que la siguiente convalide el efecto. Con este objetivo, se han realizado diversos estudios, entre los que podemos destacar uno llevado a cabo en 1993 con 43 triatletas. Se desarrolló en dos periodos consecutivos de 10 semanas, en el corazón del periodo de competición, fase que se sabe favorece la instauración progresiva de un estado de fatiga cada vez más pronunciado. Sin embargo, la toma del extracto de ginseng permitió el mantenimiento de las aptitudes físicas, que tenían tendencia a caer bajo el efecto de la acumulación de fatiga debido al encadenamiento de competiciones. Aun cuando esta planta no mejorase los resultados por sí misma, no deja de ser menos interesante, al constituir lo que se denomina un «adaptógeno» (es decir una sustancia que asegura la adaptación del organismo a los diversos estrés), y en modo alguno un dopante.

La L-carnitina

«¿Para qué sirve la L-carnitina, que en una época utilizaban muchos deportistas?»

Se suponía que la L-carnitina favorecía la movilización y la combustión de las grasas, y por tanto adelgazaba y aumentaba la resistencia. Sin embargo, no es así. Por el contrario, acelera el consumo de proteínas por el organismo, lo cual conduce a una reducción muscular...

Una sustancia que se supone favorece la combustión de las grasas

Pocas sustancias han sido objeto de tantas críticas y controversias como la L-carnitina: presentada en su época como un producto milagroso capaz de estimular la combustión de las grasas, habría podido permitir en ese caso adelgazar más fácilmente y aumentar su resistencia, ya que al solicitar más las reservas adiposas, el músculo lograría economizar un carburante más escaso, el glucógeno. Esto le valió una enorme popularidad entre los adeptos a los deportes de resistencia, así como en el medio del culturismo, donde se utilizaba en la fase final de preparación para el «afinamiento». ¿Qué pasa exactamente? En realidad, el estudio detallado de la sesentena de trabajos dedicados hasta hoy a esta sustancia cuestiona completamente el valor de la L-carnitina. Se admite, no obstante, que no permite incrementar la participación de las grasas en el suministro de energía en el curso de una actividad. No es, por tanto, el arma milagrosa del maratoniano, y la legislación francesa de productos dietéticos «del esfuerzo» no autoriza que se la mencione como «quemadora de grasas».

Sin efecto sobre las grasas, pero sí reducción muscular

La cuestión se ha replanteado recientemente, y un equipo de investigadores ha abordado el interés de la aportación de la L-carnitina bajo un nuevo ángulo. Su idea consistía en preguntarse si, en situación de agotamiento glucogénico (cuando el depósito de glúcidos del músculo está vacío), el aporte de L-carnitina podía aumentar la utilización de grasas por el músculo. Se suministró la sustancia durante siete días a razón de 3 g diarios, mientras la mitad de los individuos del test recibió un placebo. Los resultados revelaron que, en los dos casos, una vez agotada la «super», se quintuplicaba la contribución de las grasas. Por el contrario, con o sin L-carnitina, las cifras no diferían. En consecuencia, en los atletas bien entrenados, la L-carnitina no activa la utilización de las grasas, incluso cuando el glucógeno ha sido completamente consumido. Por el contrario, se observó un efecto secundario más bien perturbador, y que podría explicar que, en ciertos casos, una toma masiva y prolongada de este producto haya podido hacer perder peso: el grupo que tomó carnitina eliminó más aminoácidos y residuos producidos por la degradación de las proteínas. Se piensa que el exceso de L-carnitina inhibe la asimilación de ciertos aminoácidos, dicho de otro modo los componentes básicos de las proteínas, lo cual podría conducir dentro de cierto plazo a una pérdida de masa magra, sobre todo en condiciones de agotamiento del glucógeno. En efecto, en esta situación particular en que las reservas de glúcidos ya no son suficientes para hacer frente a la demanda energética, una parte de las proteínas corporales son consumidas para proporcionar calorías. Así, más que de «quemador de grasas», se debería hablar de «quemador de músculo». Todo eso debería incitar a reflexionar a todos los que continúan añadiéndola a su régimen para perder peso, en particular a los culturistas, que la emplean como si se tratara de una panacea en la fase final de su preparación.

La creatina

«He oído decir que los velocistas utilizan un producto particular, la creatina, a fin de mejorar sus rendimientos. ¿Qué interés tiene este procedimiento? ¿Y cómo se explica el aumento de peso subsiguiente?»

La creatina es el carburante típico de los esfuerzos breves y máximos, y favorece la eliminación de las moléculas de ácido que se acumulan en las células durante los ejercicios muy intensos. Pero los músculos no tienen más que un stock limitado, pues los deportistas no pueden comer muchos alimentos que la contengan (carnes). Una cura de creatina permite a los músculos disponer de mayores cantidades y de manera permanente. La ingestión de este complemento nutricional puede ir acompañada de un aumento de masa magra (músculos), y ello a la fuerza, ya que la creatina estimula la síntesis de proteínas del músculo (*).

Una sustancia que los músculos utilizan en los esfuerzos muy intensos

La creatina es una sustancia presente en nuestro organismo, principalmente en los músculos. Se trata de un compuesto elaborado a partir de componentes de nuestra ración (los aminoácidos), pero que figura también en estado libre en ciertos alimentos, especialmente la carne. Así pues, su origen alimentario podría llevar a interrogarse en cuanto al interés real de su aportación bajo forma de complemento nutricional para el deportista. Recientes estudios científicos han conducido a estimular este procedimiento. Los médicos muestran curiosidad al respecto debido a su influencia favorable, en ciertas actividades, sobre los rendimientos. En efecto, la «fosfocreatina» (forma muy próxima a la creatina disponible en los complementos nutritivos) representa el carburante típico de los esfuerzos máximos y breves (menos de siete segundos), tales como los saltos, los sprints, los lanzamientos. Y participan en el seno mismo de las células en la neutralización de moléculas de ácido que se acumulan en caso de ejercicios muy intensos.

Los beneficios de una cura de creatina

Los músculos disponen de ella en cantidades muy limitadas, esencialmente porque nuestra ración no la suministra en cantidad suficiente para saturarlos. Entonces a ciertos investigadores se les ocurrió ensayar el incremento de la retención de creatina en las fibras. Los estudios realizados al respecto indicaron que un aporte «masivo» del orden de 20 g/d asegura la obtención de reservas máximas. Sin embargo, estudios complementarios señalaron que una toma ulterior llamada de «mantenimiento» del orden de 2 a 4 g/d, proseguida durante varias semanas, permitía conservar permanentemente, y no sólo algunas semanas, las ganancias de fuerza o de velocidad conseguidas. Las dosis prescritas correspondían a la cantidad media del régimen de un buen comensal de carne y al nivel de

(*) Algunas legislaciones, como la francesa, fundándose en textos de diversos estudios, no autorizan la venta de este producto, que se considera totalmente inocuo.

pérdidas cotidianas (alrededor de 2 g/d). Pocos deportistas siguen un modelo alimentario de este tipo. Por tanto, se comprende el interés potencial, para ellos, de una cura de creatina.

Observemos también que la toma de este complemento nutricional puede ir acompañada de un aumento de masa magra (músculos). Esto se explica por el hecho de que la creatina estimula la síntesis de las proteínas de los filamentos del músculo, lo cual puede contribuir a un incremento significativo de fuerza.

Evitar la cafeína y combinar la ingestión de creatina y de hidratos de carbono

Sin embargo, las modalidades de administración deben estar bien definidas. Así, la ingestión simultánea de cafeína podría disminuir la asimilación de la creatina. Por el contrario, combinarla con los hidratos de carbono parece mucho más interesante, básicamente por dos razones. Por una parte, la acumulación de creatina en el músculo es más importante si se ingiere en el curso de la actividad, y por tal razón su combinación con una solución glucídica parece lógica. Por otra parte, la ingestión de hidratos de carbono y la liberación de insulina resultante estimulan la entrada de la creatina en la fibra. Los especialistas aconsejan cuatro tomas cotidianas de 5 g, cada una de ellas combinada con 20 g de hidratos de carbono (zumo de frutas, yogur para beber...).

7

FATIGA Y PATOLOGÍAS

Ausencia de hambre después del esfuerzo

«¿Es normal no tener hambre después de un esfuerzo intenso? ¿Plantea esto un problema en el plano dietético?»

Los adeptos a los deportes de velocidad o de fuerza y los competidores de múltiples disciplinas han constatado todos ellos alguna vez que, al término de esfuerzos intensivos, no sentían nada de hambre, mientras que el importante gasto energético ocasionado por la actividad precedente debería, por el contrario, abrirles mucho el apetito. Existe pues una paradoja, explicable en el plano fisiológico, pero que, si se repite, puede perjudicar el equilibrio alimentario.

Reducir la temperatura corporal

Esta especie de anorexia de esfuerzo es el resultado de diversos fenómenos. Se achaca principalmente a la elevación de la temperatura corporal, que tiene consecuencias sobre el comportamiento alimentario. En efecto, la asimilación de las sustancias contenidas en los alimentos ocasiona siempre la liberación de un exceso de calor. En este contexto, comer después del esfuerzo puede ocasionar un nuevo aumento de temperatura de algunas décimas de grado, lo que no siempre es beneficioso. Por tal razón, un sujeto que haya realizado un esfuerzo con calor recupera más pronto el apetito si logra enfriarse rápidamente, por ejemplo sumergiéndose en agua relativamente fría.

Ingerir una bebida rica en azúcar

Sin embargo, el retorno de la temperatura corporal a un valor normal no siempre es suficiente. En efecto, la realización de un ejercicio muy intenso conduce a la producción y a la acumulación de desechos, así como a la aparición de un estado de acidosis que concurren para bloquear el apetito de modo duradero. Es evidente que si estos estados de anorexia consecutivos a esfuerzos intensos son frecuentes, se alterará el equilibrio nutricional. Poco inclinado a ingerir grandes cantidades de alimentos en estas condiciones, el deportista no compensará totalmente las reservas energéticas y minerales consumidas, y en un plazo de unas semanas puede materializarse la amenaza de aparición de carencias.

Un medio sencillo para evitar el deterioro de la forma consiste en ingerir una bebida glucídica lo más rápidamente posible después de la interrupción de la actividad. De fácil ingestión, incluyendo el hecho de que la simple visión de un alimento puede repugnar, la bebida ocasionará una variación de la tasa de azúcar en la sangre: después de una elevación inicial, la glucemia baja, lo cual desencadena una sensación de hambre. Los hidratos de carbono así aportados provocan la puesta en marcha de fenómenos de recuperación y abren el apetito. Además, esta bebida restaura en parte las reservas de agua del organismo, lo cual permite que el conjunto de procesos digestivos se desarrolle de manera óptima, de manera que se reencuentre el apetito y se recupere la buena forma.

Los primeros alimentos sólidos

El sujeto podrá entonces empezar a comer alimentos sólidos ricos en hidratos de carbono. Elegirá alimentos que le gusten particularmente, ya que así, incluso con poco apetito, los ingerirá sin reticencia. La elección se diversificará más en las horas siguientes. El problema de la restauración de pérdidas minerales se resolverá en parte gracias a la recuperación de un apetito normal, propicio a una diversidad alimentaria de buena calidad. Sin embargo, a pesar de todo, especialmente en el caso de los deportistas que acumulan esfuerzos intensivos cuando hace calor, será necesario prever un aporte suplementario para paliar los déficits, o simplemente anticiparse a su aparición. Esta estrategia depende de la apreciación del médico. En cualquier caso, si se bebe regularmente y se sigue este procedimiento una vez acabado el ejercicio, el deportista minimizará el riesgo de déficit calórico. Cuando se piensa en beber, se puede pensar más rápidamente en comer...

La «ración de recuperación»

«¿Qué es necesario comer, y en qué orden, después de un esfuerzo muy difícil o de una competición? ¿En qué debe consistir la "ración de recuperación"?»

Vuelta a la calma (0 a 60 minutos): 24 a 30 g de hidratos de carbono,
- *300 ml de bebida energética,*
- *250 a 300 ml de bebida bicarbonatada gaseosa.*

Después de la ducha (60 a 120 minutos): 40 a 50 g de hidratos de carbono.
- *un vasito de bebida caliente azucarada,*
- *un puñado de frutos secos*
- *un yogur para beber (200 ml),*
- *una rebanada de alajú o 20 g de galletas.*

Noche: cena de recuperación: 180 a 200 g de hidratos de carbono.
- *potaje o ensalada con germen de trigo y levadura de cerveza,*
- *tarta con jamón o huevos o tarta salada,*
- *pan,*
- *un plato de arroz o de pasta,*
- *queso tierno y 50 g de crema de castañas,*
- *galletas.*

Al acostarse: 20 g de hidratos de carbono.
- *tisana con miel o leche azucarada,*
- *una manzana.*

Total: 260 a 300 g de hidratos de carbono en 4 a 6 horas.

Una «ración de recuperación» determinante

Los especialistas de la nutrición del esfuerzo consideran actualmente que lo que se come y bebe durante las primeras seis horas después del esfuerzo influye directamente en la recuperación, e incluso puede determinar los resultados de la competición siguiente. Esto es el resultado de diversos factores.

Los músculos continúan consumiendo glucosa después del esfuerzo

A semejanza de una olla con agua hirviendo que se retira del fuego y cuyo contenido sigue caliente mucho tiempo después, las reacciones energéticas que se desarrollan en los músculos no se paran instantáneamente. El gasto de energía puede permanecer elevado varias horas (a veces incluso hasta la mañana siguiente), y esta aceleración quemará un complemento de azúcares, apartados así de los tejidos que los necesitan para restaurar sus funciones. Si no se aportan hidratos de carbono inmediatamente (o sea, dentro de los 10 minutos siguientes a la llegada), quedarán penalizadas la actividad del sistema inmunitario, la rehidratación de las células, la labor de eliminación de los riñones y la reparación de las fibras dañadas.

Una aportación de glucosa, en primer lugar bajo forma líquida, y luego sólida

El agotamiento del glucógeno, forma de reserva de los hidratos de carbono que los fisiólogos denominan «super», y la activación de la circulación sanguínea, concurren para hacer que las seis primeras horas después de la carrera sean aquellas en que el glucógeno se rehace a la vez más deprisa y más fácilmente. Se deberá, por tanto, considerar una aportación secuencial de glúcidos, primeramente «rápidos» bajo forma de líquido (mejor tolerados en este momento por los intestinos), por ejemplo bajo forma de bebida energética, zumo de fruta diluido, o té ligero caliente con miel. Se preferirán las preparaciones llamadas «hipotónicas» (muy diluidas) durante los 30 primeros minutos, el tiempo en que el tubo digestivo recupera toda su eficacia. Luego se podrán añadir algunos sólidos.

Una comida más consistente y un vaso de leche azucarada para dormir bien

La asimilación de estos hidratos de carbono, combinada con una vuelta a la calma muy «tranquila», favorece la liberación de hormonas que contrarrestan los efectos de los raudales de adrenalina vertidos en nuestros vasos sanguíneos en el curso de la prueba. Este vaivén será más propicio para el retorno del apetito, y en consecuencia de una comida más consistente, así como a un sueño nocturno reparador. En efecto, se acorta su plazo de aparición. Un vaso de leche azucarada al acostarse permite igualmente, tal como ha establecido la ciencia, acelerar la prontitud para conciliar un sueño reparador. Curiosamente, los efectos hipnóticos observados después de la ingestión de esta bebida no se manifiestan por la mañana.

La toma de una colación y de una comida rica en hidratos de carbono propicia la instauración de un estado alcalino, es decir «antiácido», más apropiado para una recuperación correcta. Una bebida gaseosa bicarbonatada, ingerida dentro de las dos primeras horas después de acabar el ejercicio, también contribuye. La composición de la cena se adaptará a tal fin. Se recomienda, por tanto, adoptar una dieta de tipo «ovo-lacto-vegetariano» constituida, como su nombre indica, por vegetales (frutas, legumbres verdes, cereales, legumbres secas), productos lácteos y huevo y, si es posible, excluir esa noche carne y pescado.

Sudor y pérdida de peso

«¿Es verdad que si sudo mucho adelgazo más fácilmente?»

El sudor hace perder agua y minerales, pero en ningún caso grasas. Así pues, no se adelgaza sudando. Por otra parte, el peso vuelve a su nivel anterior tan pronto como se rehidrata.

Para perder grasa, hay que armarse de paciencia

El sobrepeso, del que uno intenta liberarse emprendiendo una actividad deportiva, es resultado principalmente de un exceso de masa grasa, y la única manera eficaz y duradera de adelgazar consiste en movilizar una parte de estas reservas adiposas. Para ello, es necesario disminuir las entradas (las aportaciones de lípidos) y aumentar los gastos (favorecer la combustión de grasas corporales). Se trata de un proceso muy largo, que no se traduce en una disminución de peso mensurable más que al cabo de varios días, a veces varias semanas. Esto se explica. Para perder un kg de grasa, es necesario haber creado un déficit de 8.000 calorías. Los regímenes hipocalóricos habituales logran un déficit cotidiano de 500 a 800 calorías, pues cualquier cantidad superior podría ser perjudicial. Un sencillo cálculo muestra que hará falta esperar más de dos semanas para perder un solo kilo de grasas. No todo el mundo tiene la paciencia requerida ni el tiempo necesario: piénsese especialmente en los adeptos a los deportes de combate, para los cuales la pérdida casi inmediata de 2 a 3 kg, o la desaparición de 4-5 kg en una semana puede ser absolutamente indispensable para poder competir. Por tanto, va a ser necesario atacar a uno de los componentes del organismo más fácil de eliminar en un plazo muy breve: el agua.

El sudor hace perder peso temporalmente, pero no adelgaza

¿Cómo es eso? Cada vez que nuestro organismo produce calor, debe eliminarlo. Esto le permite mantener su temperatura corporal dentro del estrecho margen de valores fuera del cual no puede funcionar. Entre los procesos disponibles figura la transpiración, es decir la eliminación de sudor. En efecto, cada vez que se vaporiza un litro de agua, se disipan 580 calorías, las cuales, en caso contrario, podrían haber provocado una elevación de la temperatura corporal de varios grados en pocos minutos. Evidentemente, cuanto más importantes son las condiciones térmicas, dicho de otro modo cuanto más intenso es un esfuerzo o más elevada es la temperatura exterior, más abundante es la producción de sudor. Así, sometiéndose a una sauna antes de la pesada que precede al combate, o yendo a correr vestido con varias capas de prendas gruesas, numerosas generaciones de boxeadores o de judokas han conseguido «dar el peso» en el último minuto. Sin embargo, a pesar del sudor eliminado, no han hecho bajar sus reservas adiposas ni un gramo, del mismo modo que el quincuagenario demasiado gordito que se mete en la sauna concienzudamente dos veces por semana con la esperanza de adelgazar, y que sólo consigue torturar a sus tendones, sus riñones, sus músculos y evidentemente su corazón. Por tanto, es necesario proscribir absolutamente esta nefasta costumbre que consiste en practicar una actividad deportiva en estado de deshidratación voluntaria, y desechar la vieja idea de que si se suda, se adelgaza. Nada de eso. Por otra parte, quien efectúe un entrenamiento en pleno calor, y tenga la curiosidad de pesarse 4 o 5 horas más tarde, una vez se haya rehidratado, tendrá la sorpresa de comprobar que ha vuelto a su peso de la mañana. Además, este criterio constituye en nuestra opinión, en el marco de una prueba tan exigente como el Tour de Francia, la demostración de que el corredor ha sabido compensar de manera casi perfecta las importantes pérdidas sudorales ocasionadas por el esfuerzo de varias horas que realiza cada día. Quien no lo consigue, no está lejos del abandono.

Régimen adelgazante y riesgos de enfermedades

«Una de mis amigas practica el atletismo de competición y, aunque muy delgada en mi opinión, sigue un régimen para ganar aún más ligereza. Cae enferma frecuentemente al acercarse las pruebas. ¿Hay alguna relación en esto?»

Al seguir un régimen, el sistema inmunitario se debilita automáticamente, aun cuando la ración contenga suficientes hidratos de carbono para compensar los gastos de energía. Los deportistas que pierden peso pierden también fuerza y resistencia, y están más sujetos a la depresión, a la tensión nerviosa y a la fatiga. Un régimen no debe asociarse en ningún caso a un entrenamiento demasiado pesado, y es necesario que aporte suficientes vitaminas y minerales.

El peso de la herencia

Ciertamente, la ligereza constituye una prenda de éxito para muchas disciplinas atléticas, en realidad para la mayoría, excepto el sprint donde los hombros torneados y los pectorales salientes son de rigor, o los lanzamientos, donde los competidores venidos de los países del Este han inmortalizado la imagen de un bebé corpulento con bragas. Pero, ¿qué deportistas saben que la adiposidad está en parte fijada por la herencia, y que seguir un régimen severo puede llegar a ser una herejía que cueste cara?

Recordemos que somos como nacemos y que si bien mediante regímenes o ejercicio intentemos ser de otro modo, es una batalla perdida.

Una disminución del metabolismo de reposo

Seguir un régimen se resume simplemente, para muchos de nosotros, en una sencilla operación aritmética (peso inicial - peso final) y en una cuestión de voluntad, cualidad de la que no carecen los deportistas generalmente. Esta visión reductora es penalizante, pues tiende a descuidar ciertas modificaciones ocasionadas por el seguimiento de un régimen severo, cuya dificultad puede variar, por otra parte, según el nivel inicial de la aportación energética, la diferencia impuesta, su duración y su composición. En cualquier caso, tienen en común provocar una disminución del «metabolismo de reposo», o sea de los procesos energéticos que se desarrollan en nuestro organismo. Algunas veces, en caso de regímenes particularmente severos, se observa una atrofia de fibras rápidas, lo cual puede disminuir la fuerza y la resistencia musculares. Pero se trata de estudios realizados con sedentarios, y el mantenimiento de una actividad física podría minimizar la amplitud de estas alteraciones.

Un sistema inmunitario debilitado

Un régimen debilita al sistema inmunitario. Las implicaciones entre la alimentación y el sistema inmunitario son tan complejas que, en realidad, cualquier restricción, referente tanto al nivel calórico global como a la aportación de grasas, de hidratos de carbono, de proteínas o de vitaminas, afecta inevitablemente al funcionamiento de nuestras defensas. Un régimen adelgazante ocasiona, acabamos de verlo, una serie de perturbaciones en un sedentario normal. En el caso de un deportista hay que agregar la regulación de una actividad física, que moviliza un aumento de energía, eleva el metabolismo de reposo y ocasiona profundas modificaciones hormonales y nerviosas. Así, todo hace temer que los deportistas que siguen un régimen se exponen a disgustos más severos. Por otra parte, se ha constatado ya que estas raciones se caracterizan por aportaciones débiles de hidratos de carbono, claramente insuficientes para hacer frente a las necesidades debidas al entrenamiento. Así las cosas, elevar el contenido de «azúcares» no es suficiente, ya que los atletas que han perdido más del 6 % de su peso han perdido igualmente fuerza y resistencia, y simultáneamente se han incrementado las tendencias a la depresión, el estado de tensión nerviosa y la fatiga. Eso indica que el régimen afecta finalmente al conjunto de funciones del deportista, y que iniciar una dieta severa inmediatamente antes de un objetivo es extremadamente nefasto.

En realidad, un régimen sólo se justifica bajo supervisión médica, como en el caso de que se imponga una pérdida de peso, por ejemplo después de un periodo de convalecencia, una lesión o una interrupción prolongada. Pero deberá emprenderse de manera muy prudente, y en ningún caso deberá asociarse a un entrenamiento demasiado pesado. Deberá proporcionar suficientes vitaminas y minerales, y esto puede hacer necesario, en ciertos casos, el recurso a suplementos muy dirigidos. Así cualquier secuela de un régimen debería haber desaparecido en el momento de los plazos deportivos.

¿Régimen los días sin actividad deportiva?

«Practico deporte a razón de tres veces por semana para estar en forma y no aumentar de peso. ¿Debo vigilar mi régimen los días que no corro?»

Un buen régimen no es nunca tan eficaz como cuando se le asocia con un poco de actividad física y, a la inversa, hacer deporte no es suficiente para adelgazar si no se supervisa su alimentación, incluso aunque se entrene 4 a 5 veces por semana. Con tres sesiones semanales, por tanto, se deberá vigilar como mínimo su consumo de grasas y reducir su ingestión de glúcidos los días sin actividad física.

Hacer deporte para evitar las enfermedades cardiovasculares

El sobrepeso y las anomalías metabólicas que le acompañan frecuentemente, al igual que la inactividad, el tabaquismo o un exceso de estrés, favorecen la aparición de enfermedades cardiovasculares. Por ello, tanto por sus efectos sobre la circulación como sobre el metabolismo o el psiquismo, una actividad deportiva regular y bien concebida contribuye a la prevención de las enfermedades cardiovasculares. Desde hace tiempo se plantea la pregunta sobre cuál es la manera más eficaz de practicar deporte. A este respecto, el cuerpo médico reconoce actualmente, de modo unánime, que si se efectúan tres sesiones semanales deportivas, bajo forma de un ejercicio continuo, con una duración aproximada de 40 minutos, y con una intensidad próxima al 70 % del VO_2 máx (alrededor del 80 % de la frecuencia cardiaca máxima) se reduce notablemente el riesgo de aparición de enfermedades cardiovasculares.

Más gastos calóricos, pero también aumento de apetito

¿Es suficiente esto también para conservar su peso de forma, e incluso adelgazar? Depende. Esta cuestión sigue siendo objeto de los debates de los expertos. Si uno se atiene al plano estricto de las calorías, la realización de tres joggings semanales eleva, en un individuo de 80 kg, su gasto energético diario en 270 calorías, o sea un «plus» del 10 al 12 %. Los científicos más optimistas especularán entonces sobre la influencia a largo plazo de este nuevo dato: En un año, si no se pone en marcha ninguna compensación, esto podría conducir a una pérdida de peso comprendida entre 8 y 10 kg. Ciertamente, tal evolución de peso se ha observado en ancianos obesos, pero les hacía falta, por otra parte, continuar sometiéndose a un régimen severo y aumentar el número de sesiones efectuadas.

Tal beneficio, en términos de peso, parece improbable, como mínimo. Los más pesimistas sostendrán, por su parte, que, bajo el efecto de esta actividad, se ponen en marcha diversos mecanismos «correctores», que facilitan una compensación casi total del gasto debido a la actividad deportiva. En otros términos, el apetito se incrementa en proporción, de modo que el peso no evoluciona, a menos que se introduzcan elecciones alimentarias orientadas.

Mejor movilización de las grasas

Una serie de transformaciones, de «adaptaciones» como las denominan los científicos, sobrevienen en nuestro organismo como respuesta al entrenamiento. Se traducen en un incremento de aptitud para utilizar las grasas. En otras palabras, una actividad regular por sí misma facilita la movilización de las grasas corporales, lo cual contribuye de manera beneficiosa a la prevención de las enfermedades cardiovasculares. En relación con el peso, pueden presentarse dos situaciones. Primera, que el sujeto desee perder, y en este caso, supervisará su consumo de grasas cada día de la semana, restringiendo al mismo tiempo su aportación de productos azucarados los días en que no se entrene. Segunda, que desee sencillamente conservar su peso actual, y en este caso podrá disponer de una libertad superior, mostrándose un poco menos severo frente a las grasas.

El dolor de costado

«Maratoniano desde 1986, me enfrento frecuentemente a un problema de dolor de costado después de unas dos horas de carrera, en el costado derecho, a la altura del hígado. No me sucede nunca en el entrenamiento, pero se manifiesta a menudo en competición. Este verano, por ejemplo, en una gran clásica de carrera en carretera, se me presentó el problema en un descenso. Tengo que indicarle que respeto escrupulosamente las reglas de la dietética. ¿Puede darme su opinión para evitar tal incidente en el futuro?»

Puede ser que este dolor de costado sea debido a una ración demasiado abundante de hidratos de carbono la víspera del esfuerzo; por tanto, más vale concentrar las aportaciones en los dos días anteriores. Por otra parte, el dolor de costado puede aparecer cuando se inspira siempre en el mismo momento del ciclo de zancada. Si éste es el caso, puede probarse una nueva estrategia con un ritmo ternario, inspirando una vez con un apoyo sobre la izquierda, y otra vez con un apoyo sobre la derecha...

Los órganos de la digestión no están suficientemente irrigados

El problema de las punzadas de costado ha preocupado a generaciones de médicos del deporte y ha amargado la existencia de multitud de corredores, pues son pocos los que no se han enfrentado algún día a esta situación. Se caracteriza por un dolor localizado bajo la caja torácica, y exacerbado por la carrera en descenso (situación citada por nuestro consultor). Diversos factores favorecen su aparición. Las situaciones más habituales son la competición o las sesiones fraccionadas. La falta de entrenamiento (causa a descartar aquí), una debilidad abdominal, el nerviosismo, ciertas condiciones climáticas, una salida demasiado rápida, o incluso una ingestión de alimentos y de bebida demasiado próxima a la salida de la competición, constituyen también factores que lo propician. ¿Por qué razón un esfuerzo intensivo puede conducir a la aparición de tal problema? En este contexto, la circulación sanguínea es objeto de una redistribución que se efectúa en detrimento del tubo digestivo, el cual no recibe más que del 20 al 30 % de la aportación sanguínea observada en reposo. El hígado (a la derecha) o el bazo (a la izquierda) se encuentran entonces congestionados y se vuelven doloridos. El dolor de costado que se produce en todo inicio de esfuerzo por falta de calentamiento procede de la misma causa: el débito no se aumenta suficientemente para asegurar una irrigación apropiada. La intensidad con la que se desarrolla el maratón y el plazo al cabo del cual le sobrevienen las punzadas a nuestro lector (alrededor de las dos horas) descartan *a priori* esta explicación.

Respetar el plazo de tres horas entre la última comida y el esfuerzo

Otra hipótesis que se contempla a veces es la de no respetar el «plazo de las tres horas», que debería separar normalmente la ingestión de la última comida y el inicio de la prueba. Si no se hace caso, uno se expone al riesgo de emprender un esfuerzo mientras aún se está haciendo la digestión. Se crea entonces un conflicto circulatorio, al producirse una demanda de sangre a la vez a nivel de los músculos y al de las vísceras. No obstante, dado que nuestro lector asegura que respeta los principios de la dietética, se debe rechazar esta explicación.

Volver a aportaciones menos copiosas de hidratos de carbono la víspera

Otra posibilidad constituye una pista más seria: emprender un régimen hiperglucídico puede conducir, en algunos sujetos, a una asimilación incompleta de una fracción de las raciones abundantes de hidratos de carbono ingeridos. Estos glúcidos no absorbidos pueden sufrir entonces una fermentación, lo cual ocasionará una colitis del costado derecho. Para evitar esta preocupación entre los que siguen un régimen hiperglucídico tres días antes de un maratón, se recomienda en lo sucesivo consumir alrededor de 10 g/kg.d de hidratos de carbono el jueves y el viernes, y volver a porciones menos copiosas (7 a 8 g/kg.d) la víspera de la prueba. En efecto, el estrés puede acelerar el tránsito, lo cual puede aumentar este riesgo de fermentación. Quizá nuestro lector siga este régimen hiperglucídico hasta el sábado, lo cual podría contribuir a la aparición sistemática de dolores de costado durante la carrera. Esta hipótesis parece muy plausible, pero hay un punto no resuelto: ¿Por qué esta aparición inevitable después solamente de dos horas de esfuerzo?

La sudación como factor propiciador

El calor puede favorecer igualmente la aparición de dolores de costado. En efecto, para luchar contra la amenaza de hipertermia, el organismo recurre al proceso de sudación. Éste no se produce más que si un aflujo suplementario de sangre ocurre a nivel de la piel, más exactamente de las glándulas sudoríparas. Esta cantidad suplementaria no puede captarse de la circulación muscular. Por tanto, provendrá del abdomen, que constituye una reserva de sangre. Pero en caso de deshidratación, la circulación abdominal se restringirá todavía más, hasta caer a un nivel demasiado bajo. Los órganos abdominales sufrirán, y esto desencadenará la aparición de dolores de costado.

Supervisar su respiración

Existe una última hipótesis, que sin duda es la causa en numerosos casos. Cuando se sale a correr, se sincroniza muy rápidamente el ritmo respiratorio con los impactos de los apoyos. De este modo, la inspiración se produciría siempre sobre el mismo pie de apoyo. Sin embargo, la mayoría de corredores inspira cada cuatro apoyos (jogging) o cada dos (carrera rápida), de manera que se comportan como si «respirasen con el pie derecho» o con el izquierdo. El diafragma sufrirá así tensiones por un solo costado, lo cual provocaría a la larga, tal como se observa con unos gemelos víctimas de rampas, espasmos dolorosos, origen del dolor de costado. Es seguro que, en este contexto, todas las otras explicaciones anteriormente expuestas jugarían un papel amplificador o agravante. La carrera en descenso en una prueba estival se convertirá entonces en una situación de alto riesgo.

Es conveniente pues reconsiderar la sincronización del ritmo respiratorio con los impactos de los apoyos, de modo que no sea un solo costado el que los soporte.

Las tendinitis

«Practico el sprint y sufro regularmente de tendinitis, que me obligan a pararme durante periodos que algunas veces superan las dos semanas. ¿Qué aspectos de mi alimentación puedo considerar para vencer este problema?»

En la mayor parte de casos, la subhidratación es responsable de las tendinitis. Por tanto, es necesario vigilar para hidratarse bien tanto antes, durante y después del esfuerzo como en el curso de las comidas. Por otra parte, vale más limitar su consumo de carne, de grasas y de platos demasiado especiados. Por último, en caso de tasa de ácido úrico demasiado elevada, será necesario también reducir su consumo de hidratos de carbono rápidos, limitándose a las bebidas energéticas tomadas en el esfuerzo, y comer más frutas, legumbres y productos lácteos.

Hidratarse bien en todo momento

Aun cuando haya otros factores que contribuyan a su aparición, especialmente errores de entrenamiento, mala elección de material, o gestos inapropiados, las tendinitis constituyen efectivamente una de las patologías para las cuales se alude más frecuentemente a ciertos componentes de la alimentación, ya como factores causales, ya como participantes en el tratamiento. Aunque parece que este nexo es cada vez mejor conocido en el mundo deportivo, todavía se dominan mal las implicaciones prácticas de esta relación, y en particular lo que conviene hacer o, sobre todo, no hacer. Esto conduce a veces a especulaciones que, como mínimo, son aventuradas, o a prescripciones demasiado severas y completamente injustificadas. ¿Un ejemplo? Acusados de acidificar los tejidos y, por tanto, de favorecer la acumulación de desechos en los tendones, ciertos vegetales como las zanahorias o los tomates han sido objeto de una prohibición total por parte de algunos autores, mientras nada justifica tal ostracismo. Lo que parece mucho menos discutible en la aparición de las tendinopatías (término más apropiado que el de «tendinitis», que evoca una inflamación) que es la responsabilidad de una subhidratación, ya se trate de un problema que sobrevenga sólo con ocasión de una actividad, ya de manera crónica en alguien que beba demasiado poco. ¿Por qué? Cualquier déficit de agua, en particular si sobreviene en el curso del esfuerzo, repercute inmediatamente sobre ciertas zonas anatómicas menos irrigadas, entre las cuales figuran los tendones. Este déficit se traduce en un aumento de rigidez que agrava la acumulación de ciertos desechos. Así pues, en la mayoría de casos, una buena hidratación, tanto antes como durante y después del esfuerzo y en el curso de las comidas, contribuirá a prevenir estas patologías.

Un hígado debilitado por una hepatitis viral

Si la carencia de agua participa de manera innegable en la aparición de tendinitis, también pueden verse implicadas otras anomalías complementarias. Se trata principalmente de un desarreglo del hígado, que los nutricionistas denominan «insuficiencia hepática». En el origen de esta anomalía figuran frecuentemente los vestigios de una antigua hepatitis viral mal curada, lo que podría referirse a una fuerte proporción de deportistas que han residido en ultramar. En realidad, la recuperación puede efectuarse relativamente rápida, pero ciertas secuelas pueden persistir durante mucho tiempo de manera larvada. Las células del hígado funcionan entonces al ralentí y ya no aseguran correctamente su rol esencial de desintoxicación. Además, la acumulación de desechos y las perturbaciones metabólicas subsiguientes pueden afectar fácilmente a las células de los tendones.

Evitar las carnes, las grasas y los platos demasiado especiados

La última causa, más frecuentemente encontrada, se refiere a la agresión de la célula hepática por parte de compuestos tóxicos. De origen a menudo alimentario, éstos son fáciles de identificar en los grandes comedores de carnes o de grasas. Esta anomalía hepática necesita un tratamiento dietético, que se basa en la adopción temporal de un régimen llamado de «ahorro hepatovesicular». En la práctica, es necesario excluir más o menos temporalmente de su alimentación las grasas cocidas, los quesos grasos y fermentados, la caza, las carnes fuertes o ahumadas, los oleaginosos, el chocolate, los huevos, los menudillos, las legumbres secas, la col... En la jerga de los dietistas, se denomina a este régimen las «mañanas de la boda»... Señalemos también que una ración demasiado especiada podría intervenir indirectamente en la génesis de estos problemas. Estas especias podrían activar las secreciones gástricas ácidas, las cuales provocarían una irritación de los intestinos, perturbación que, a su vez, afectaría al funcionamiento del hígado.

Una tasa de ácido úrico demasiado elevada

Por último, en el 10 % de los casos de tendinitis se incrimina a la hiperuricemia, dicho de otro modo, la elevación anormal y crónica de la tasa de un desecho, el ácido úrico, implicado en la aparición de la gota, enfermedad que representa el estadio final de esta anomalía metabólica. Su tratamiento exige la adopción de otro régimen particular. La medida principal incluye la supresión de los alimentos llamados «purinóforos». Se trata principalmente de los menudillos y de la caza. Como complemento, se pide al deportista que se contente con una ración cotidiana de carne, de pescado o de ave. Por otra parte, se procurará no abusar de las grasas y se suprimirá del todo el alcohol, hasta la eliminación de los problemas. Se contingentarán igualmente los hidratos de carbono rápidos hasta la total curación, limitándose a las bebidas energéticas tomadas durante el esfuerzo. En efecto, el abuso de estos hidratos de carbono puede favorecer una elevación brusca de la uricemia. Frutas, legumbres y productos lácteos, en virtud de su carácter alcalino, deberán ocupar un lugar privilegiado en este régimen... que es totalmente compatible con la higiene de vida de un deportista de alto nivel. Finalmente, la ingestión de té y de cacao deberá también permanecer moderada.

Los calambres

«¿Por qué sobrevienen los calambres y cómo prevenirlos?»

Los calambres sobrevienen más frecuentemente en los individuos que hacen un esfuerzo más intenso que aquel al cual están acostumbrados. Por tanto, el entrenamiento previo es el elemento más determinante. Por otra parte, es necesario vigilar para consumir suficientes hidratos de carbono en el curso de la actividad y no abusar del té o del café. Por último, los calambres que sobrevienen en reposo son debidos a carencias de vitaminas o minerales.

La falta de sal y el ácido láctico no son responsables

Los calambres son definidos como «contracciones musculares involuntarias, paroxísticas y dolorosas», lo que nadie desmentirá. A veces la contracción es tan intensa que no se duda, para explicar la sensación experimentada, en comparar la consistencia del músculo con la de la madera. Los calambres pueden manifestarse durante el esfuerzo, lo cual conduce a interrogarse sobre qué puede provocar su aparición en la práctica deportiva, pero también en reposo, y en este caso parecen independientes de cualquier causa particular. El calor y los esfuerzos prolongados son circunstancias muy propicias a los calambres. Por tal razón, desde los años 1930 los médicos han investigado los mecanismos en juego. Estos estudios llevaron a contemplar dos hipótesis todavía muy aceptadas actualmente entre el público: la responsabilidad de la falta de sal, que ha conducido a generaciones de deportistas a ingerir pastillas de cloruro de sodio en el curso de las competiciones, y la de las toxinas acumuladas en las fibras, en particular el ácido láctico, durante mucho tiempo considerado responsable de numerosos males. En la actualidad ninguna de estas hipótesis parece fundada. Así, la falta de sodio a nivel de las células no interviene más que como un factor secundario en estos problemas. En la práctica, aportar sal en mayor cantidad no implica mejoría alguna, ya que no impide la aparición de calambres. La segunda hipótesis también es controvertida: para muchos deportistas, entrenadores, e incluso algunos médicos, la acumulación de desechos en la fibra muscular podría constituir la causa de los calambres. Si esta hipótesis tuviera fundamento, significaría que los especialistas de medio fondo corto, cuyos músculos fabrican mucho ácido láctico, deberían formar parte de la mayoría de casos registrados. Sin embargo, esta anomalía es excepcional en ellos.

El entrenamiento previo es determinante

En realidad, la propensión a sufrir calambres varía a la vez según los individuos (algunos los tienen frecuentemente, otros nunca), según los deportes y según los músculos considerados. Por ejemplo, es curioso constatar que los calambres «de esfuerzo» se producen frecuentemente a nivel de los miembros inferiores implicados en la actividad. A la inversa, los médicos del deporte se asombran a menudo al observar que, a igual duración e intensidad de esfuerzo, las disciplinas que recurren mucho a los brazos, a los antebrazos y a la cintura escapular, como la natación o el kayak, no dan lugar a muchos calambres de los miembros superiores. Por tanto, es patente que ciertos lugares anatómicos son afectados más a menudo, y que la explicación de este «privilegio» debe buscarse a nivel celular. Estando así las cosas, ¿se han identificado los factores «propiciatorios»? Sí, los calambres tienden a producirse más frecuentemente en individuos que corren más rápidamente o más tiempo del habitual en ellos. De hecho, el calambre se manifiesta desde que uno de los eslabones de los acontecimientos que contribuyen a la contracción muscular no funciona. No es fácil hallar el mecanismo responsable. Puede tratarse de una interrupción del influjo nervioso que desciende del cerebro hacia el músculo. En el origen de esta interrupción podría encontrarse una alteración de los intercambios minerales a nivel de los nervios. Una producción de energía insuficiente y una fuga de ciertos minerales constituirían entonces los factores desencadenantes. La anomalía puede residir igualmente a nivel mismo del músculo, ya porque no pueda producir suficiente energía, ya porque una falta de armonía de los intercambios minerales, o una relativa deshidratación tisular, ralenticen la conducción del influjo nervioso. Las fibras se contraen entonces de manera desordenada, y sobreviene el calambre.

Avituallarse bien de glúcidos y no abusar de la cafeína

La hipótesis de un déficit energético parece muy sólida: en efecto, el calambre se produce frecuentemente al cabo de un plazo que corresponde al agotamiento del glucógeno, y afecta igualmente a los que omiten consumir suficientes glúcidos en el curso de la actividad. A la inversa, el corredor sujeto a calambres ve cómo éstos desaparecen o disminuyen desde que se avitualla más y procura escrupulosamente adoptar una alimentación hiperglucídica antes de la prueba. Observemos también que ciertas moléculas como la cafeína, o las contenidas en las especialidades farmacéuticas, pueden sembrar cizaña en este proceso y favorecer la aparición ulterior de calambres. Por tanto, no abuse del té o del café antes de una competición y no sobrepase su nivel habitual de consumo. Sin embargo, el entrenamiento previamente efectuado constituye el elemento más determinante.

Los calambres en reposo van ligados a carencias

Por último, los calambres, especialmente los que sobrevienen en reposo, y más particularmente por la noche, pueden ser el resultado de déficits crónicos, pues desde entonces se resienten todos los procesos de contracción. Si se comparan los minerales con jugadores de fútbol, la ausencia o la insuficiencia de un elemento equivale a jugar sin portero o sin delantero centro, y la eficacia del grupo se resiente. Contraer correctamente un músculo cuando hay una carencia es más difícil que en una situación normal. Estos calambres desaparecen, por otra parte, a partir del momento en que se trata este déficit. Una carencia de ciertas vitaminas implicadas en el metabolismo de los hidratos de carbono (B_1 o B_2) podría también influir, dado que su presencia limitada ralentiza los procesos energéticos y las vías de eliminación de los desechos. La simultaneidad de estas dos anomalías conduce entonces al calambre, que experimentará una regresión después de la corrección de estas carencias. Una alimentación monótona, pobre en hidratos de carbono complejos, en frutas, en legumbres y demasiado centrada en alimentos refinados, los congelados, los platos preparados o las comidas rápidas incrementan ese riesgo.

La fractura de fatiga

«La fractura de fatiga, frecuente en el medio deportivo, ¿es debida al azar, a errores de entrenamientos, o también interviene la alimentación en esta anomalía?»

Las deportistas obligadas a estar muy delgadas están particularmente expuestas a la fractura. Los regímenes draconianos a los que se someten, aliados al estrés, hacen efectivamente caer su producción de estrógenos, lo cual fragiliza sus huesos. Y cuanto más intenso es el entrenamiento, más aumenta el riesgo de fractura. Su alimentación debe proporcionarles suficientes glúcidos para cubrir sus gastos energéticos y suficiente calcio para evitar la carencia.

Una perturbación hormonal ligada a la delgadez y al estrés

Cuando se consultan las estadísticas, las publicaciones científicas que tratan de este problema, o también cuando se pregunta a los médicos especialistas a propósito de esta lesión tan particular, se desprende una confusa unanimidad: la fractura de «estrés» constituye el ejemplo típico de la lesión llamada «de sobrecarga», que amenaza más especialmente a una categoría muy particular de deportistas. La disciplina practicada parece jugar su papel. Se constata, en efecto, que hay dos tipos de deportes que presentan una exposición «récord»; se trata por una parte de actividades con fuerte componente estética, como la danza o el patinaje, para las cuales la delgadez no sólo llega a ser necesaria, sino también un factor previo indispensable para el éxito de una carrera. Aquellas a las que la madre naturaleza ha dotado desde el nacimiento con un capital genético desfavorable, ya sea dándoles más células adiposas, ya dotándolas de un metabolismo más perezoso, y que a pesar de todo desean dedicarse a estos deportes, se encontrarán muy pronto frente a un problema casi insoluble, el de «dar el peso». De régimen de hambre a entrenamiento espartano, van afectando poco a poco, y de manera duradera, su sistema hormonal: la privación, la realización de grandes cargas de trabajo y, tal como se ha comprobado más recientemente, una confrontación permanente con el estrés psicológico, hacen caer la producción de una categoría especial de hormonas, los estrógenos. Éstos intervienen en la actividad genital, lo cual explica la interrupción súbita de la regla en estas jóvenes deportistas, pero también en la renovación y la consolidación del esqueleto. Por tanto, éste se vuelve prematuramente poroso, y por poco que se junten otras condiciones (en relación con la alimentación), tales como una carencia de calcio o un déficit calórico crónico, el hueso se romperá por donde esté más solicitado.

Un riesgo que crece con la intensidad del entrenamiento

Paradójicamente, algunos deportes donde el gasto energético sobrepasa claramente al registrado en las gimnastas o las bailarinas, pueden constituir también sectores donde pueden instaurarse las perturbaciones hormonales. Al respecto de estas particularidades, por ejemplo, aparecen anomalías más sólidamente implantadas en las corredoras que en las nadadoras (menos traumatizadas por la idea de ser gordas, ya que una adiposidad mínima les confiere mejor propulsión en el agua) o en las esquiadoras de fondo. Las disparidades de las estadísticas, que colocan a las atletas entre las deportistas más expuestas, dan cuenta sin duda de particularidades fisiológicas, tales como la onda de choque que podría afectar a las secreciones hormonales y propiciar la ruptura del hueso, y también de componentes culturales: se debe reconocer que las practicantes de atletismo se dejan seducir más fácilmente por la tentación de adelgazar más allá de lo razonable, y parece haber mayor número de víctimas de anorexia nerviosa que en otros deportes de resistencia. Es curioso comprobar, por ejemplo, a la vista de estadísticas escandinavas, que las orientales que se dedican a correr parecen totalmente herméticas a la anorexia y a los consejos de restricción calórica.

Los factores de riesgo

Se pueden recapitular de manera sencilla los «factores de riesgo» de fractura de fatiga:

- *La ligereza.* Una persona de pequeña estatura (indiferentemente dotada de una masa adiposa normal o baja) se halla más expuesta a la fractura de fatiga, sin duda porque la onda de choque se repartirá sobre una masa más débil, y por tanto ocasionará más daños.
- *La interrupción de las reglas.* Testimonia de manera muy fiable perturbaciones hormonales, por otra parte implicadas en la fragilidad ósea.
- *Un entrenamiento sostenido.* A igual peso, el riesgo aumenta a medida que crecen las distancias semanales cubiertas corriendo. Por tanto, figurar entre la elite atlética constituye un factor de riesgo inevitable.
- *Las restricciones alimentarias.* Ciertas jóvenes corredoras adoptan crónicamente una alimentación deficitaria en energía, aun manteniendo un peso estable. Ausencia de desayuno, toma muy rara de comida en colectividad (por ejemplo después de las carreras), náuseas frecuentes (reales o simuladas) participan en la instauración de privación calórica crónica. Poco a poco hay una respuesta de adaptaciones a este régimen de hambre, pero éstas se traducen, a corto plazo, en carencias y anomalías hormonales duraderas.
- *Una adiposidad muy baja.* Unida a la pusilanimidad, a una bajada de calidad de los cabellos (quebradizos, sin brillo), de las uñas, de los dientes, constituye un criterio muy correcto que permite sospechar problemas hormonales.
- *Un consumo insuficiente de productos lácteos* (menos de tres porciones por día), que entraña una carencia de calcio, ante la cual nuestro organismo reaccionará movilizando el de los huesos. A ello seguirá una porosidad y una desmineralización más importantes, propicias a una fractura «espontánea».

Los cálculos renales de los maratonianos

«¿Es exacto que después de los 40 años los maratonianos presentan un riesgo muy elevado de tener cálculos renales? Y si es así, ¿por qué esta predisposición?»

Es exacto. Durante el maratón, los riñones están muy mal irrigados por la sangre, sobre todo si hace calor. Además, la deshidratación hace que los desechos (que se forman en cantidad creciente) sean menos solubles, lo cual favorece la aparición de cálculos renales. Así pues, la mejor medida preventiva consiste en hidratarse metódicamente, a la vez antes, durante y después de la carrera, así como todo el resto del tiempo.

Los riñones, un filtro y una bomba

Cada minuto, en condiciones normales, de 1.200 a 1.300 ml de agua transitan por nuestros riñones, lo cual representa, al cabo de una jornada, el paso de 1.730 l de líquido, de los cuales solamente una ínfima fracción va a perderse por la orina. Simultáneamente, grandes cantidades de diversas sustancias (minerales, desechos, a veces proteínas) y de fragmentos celulares se dirigen hacia los riñones. Debido a este abundante tráfico, se comprende que sea esencial la integridad de este tejido. La carrera a pie, más que otros deportes, puede ocasionar anomalías, transitorias o duraderas, cuya gravedad es muy variable. Para comprender bien este problema, se puede comparar el riñón a un colador, el diámetro de cuyos agujeros dejase descender el agua, los minerales, la mayor parte de los desechos, e incluso algunas proteínas de pequeño tamaño, que pasarían en seguida a la vejiga para ser eliminados. Esta limpieza presenta verdadero interés, ya que «venenos» tales como la urea, el ácido úrico o el amoníaco no tienen tiempo de acumularse en la sangre ni en los tejidos. Podemos añadir que el riñón no se comporta simplemente como un filtro, sino también como una bomba que capta el agua y la mayor parte de los minerales, lo cual evita la aparición de carencias graves.

La irrigación de los riñones cae durante el esfuerzo

Sin embargo, en el curso de la carrera, sobre todo si se desarrolla con intensidad elevada, con calor, o es de larga duración, se producen diversas anomalías que alteran este fino mecanismo que limpia los líquidos de nuestro organismo. ¿Qué sucede entonces? Recordemos que el papel principal de la circulación es aportar sangre a las diferentes zonas anatómicas. En reposo, existe una jerarquía que privilegia al cerebro, al tubo digestivo y a los riñones. Es comprensible la finalidad de esta distribución: el centro de mando y los lugares de depuración son los mejor servidos. Los músculos, por el contrario, tienen una exigencia moderada: mientras trabajan poco, no necesitan aumento de suministro sanguíneo. Durante el esfuerzo, es muy diferente; los procesos de producción de energía se embalan, el metabolismo se acelera de 20 a 50 veces, y la circulación debe adaptarse. Los músculos se vuelven prioritarios, a lo cual el organismo responde de dos modos: por una parte, el ritmo cardiaco se acelera, y por otra parte las cartas se redistribuyen entre los diferentes lugares anatómicos. El cerebro continúa recibiendo la misma cantidad de sangre. Por el contrario, otros órganos sufren una restricción súbita. Los más afectados son el tubo digestivo y los riñones, cuya irrigación desciende al 30 % de su nivel inicial en ambiente térmico neutro. Si hace calor, la restricción todavía es más severa, pues la piel también desvía una parte de sangre para asegurar la refrigeración del organismo.

Evitar la deshidratación

Se comprende, teniendo en cuenta su papel de filtro, que la disminución de la irrigación de los riñones que sobreviene al esfuerzo pueda plantear un problema, y que otros dos fenómenos nefastos se presenten poco a poco:

- Ciertos desechos se forman en cantidad creciente con el esfuerzo. Su acumulación sobreviene precisamente cuando el filtro funciona menos.
- La deshidratación agrava la reducción de la irrigación renal, pero afecta también a la solubilidad de ciertos elementos, especialmente los minerales y ciertos desechos con los cuales pueden cristalizar espontáneamente, lo cual puede favorecer la aparición de cálculos. Esto explica que la orina de los maratonianos se parezca mucho a la de los individuos sujetos a cálculos renales. ¿Es esto ineluctable? No. La deshidratación constituye una causa esencial de estas anomalías, lo cual explica que se haya identificado una gestión preventiva básica: la toma regular de bebidas en el curso del ejercicio limita este riesgo de cálculos. Además, el seguimiento de una buena hidratación al regreso de la sesión refuerza esta prevención. Por último, el respeto de una hidratación regular en casa, en el trabajo, en el coche, se ha demostrado también muy beneficioso.

Triatlon y problemas digestivos

«Apasionado por el triatlon de larga distancia, tipo «Ironman», sufro de problemas digestivos, náuseas, vómitos, precedidos por una desgana hacia el agua y el azúcar, que se instalan progresivamente y se intensifican con el calor fuerte. Aparecen a pesar de un régimen hiperglucídico los tres días anteriores a la prueba, la toma de «Smecta» a título preventivo, una buena hidratación durante la carrera (un botellín de 50 ml de agua con 30 g de azúcar por litro cada hora) y medicaciones preventivas. ¿Cómo contener estas anomalías?»

El régimen hiperglucídico debe ser arreglado en las últimas 24 horas: no es necesario atiborrarse y hay que evitar verduras y frutas crudas, cereales integrales, legumbres secas, leche y pan fresco. La última comida (pasta o arroz, galletas, confitura o miel y yogur) debe efectuarse al menos tres horas antes de la salida y no ha de incluir grasas. Es mejor no beber demasiado café, sobre todo fuera de las comidas, y no tomar antiinflamatorios. Y desde el calentamiento, será necesario consumir una bebida poco concentrada con azúcar cada 15 minutos, y una barra energética glucídica cada 40 o 60 minutos.

Numerosos factores de riesgo

Existen numerosos orígenes de los problemas digestivos, en relación a la vez con la alimentación durante los días precedentes al esfuerzo, la naturaleza de la última comida y el tiempo que la separa del inicio de la prueba, el carácter más o menos ansioso del participante, las modalidades de su hidratación y de su alimentación en el curso de la actividad, su suceptibilidad individual a los problemas digestivos, la actividad practicada (la carrera a pie figura entre las más propicias para la aparición de problemas gastrointestinales) y evidentemente la duración de la competición. Nuestro corresponsal ha tomado cierto número de precauciones, pero no ha eliminado forzosamente todos los factores de riesgo, lo cual en el contexto de un «Ironman», donde su aparición es muy frecuente, puede explicar estos problemas repetidos. Veamos por orden los elementos susceptibles de obstaculizar el buen desarrollo de la carrera.

La alimentación de los días precedentes

La adopción de una ración hiperglucídica permite obtener depósitos máximos de glucógeno, lo cual garantiza un aporte correcto de energía a los tejidos, especialmente a las vísceras, durante la primera parte de la actividad. Esto dota igualmente a nuestro organismo de reservas hídricas, en la medida en que cada gramo de azúcar así almacenado se acompañe de 2,7 g de agua. Esta constitución de reserva de líquido retrasará el momento crítico en que la irrigación de los intestinos caerá hasta el punto de obstaculizar la asimilación de cualquier producto, incluida el agua pura. A la inversa, una constitución insuficiente de reserva va acompañada de una fatiga prematura en carrera, lo cual es origen de problemas digestivos. Este régimen hiperglucídico debe ser ajustado en las 24 horas últimas, de modo que se eviten las diarreas, flatulencias e hinchazones que podrían resultar de estos tres días de atiborrarse de hidratos de carbono, mientras que el estrés precompetitivo podría perturbar la digestión. La ingestión de tres platos de espagueti en el curso de la «fiesta de la pasta» en las vísperas de la carrera constituye, por tanto, un error, y es más conveniente tomar más hidratos de carbono el jueves y el viernes antes de una prueba dominical. Además, la alimentación adoptada las últimas 24 horas por un individuo sujeto a estrés, no deberá incluir comestibles susceptibles de dejar residuos en los intestinos en el momento de la prueba, ya que los mismos favorecen los problemas gastrointestinales. Todas las verduras crudas, los frutos crudos, los cereales integrales, las legumbres secas, la leche, el pan fresco, deberán ser excluidos de los menús a partir del mediodía del viernes. Se trata de adoptar lo que los especialistas designan como «régimen sin residuo».

La última comida

La última comida debe tomarse imperativamente tres horas antes de la salida y no ha de incluir lípidos. No deben figurar en ella croissants, bollos, mantequilla, dulces de almendras, chocolate, y *a fortiori* queso, jamón o huevos. Productos tan anodinos, debido a su bajo contenido en grasas, pueden provocar problemas digestivos. La base estará constituida por pasta o arroz, galletas, confitura o miel y yogur. Se evitará el abuso de cafeína y la toma de antiinflamatorios, hábito sólidamente arraigado en ciertos medios, debido a su aptitud para estimular la liberación de los jugos gástricos. Se trata, recordémoslo, de ácido clorhídrico, altamente agresivo para la mucosa del estómago. En la práctica, se recomienda reducir la ingestión de café el día de la prueba, y sobre todo no tomarlo aisladamente, separado de todo suministro de sólidos.

La alimentación durante la carrera

La estrategia en carrera debe estar también perfectamente regulada: es necesario instaurar la toma de líquido desde el calentamiento, y tan pronto como haya salido del agua. La elección del producto retenido es esencial, al igual que el *timing* de las ingestiones: hace falta una preparación hipotónica (muy diluida), poco generadora de problemas digestivos. Se evitará el azúcar, que deja efectivamente una sensación de acidez en la boca, rápidamente empalagosa. Se vigilará también la frecuencia de ingestión y el volumen ingerido. A este respecto, recomendamos tomar una bebida hipotónica cada 15 minutos, el volumen consumido se adaptará en función de las condiciones exteriores. Como complemento, las barras energéticas glucídicas pueden asegurar una aportación preciosa. Se preverá una de ellas cada 40 o 60 minutos, desde la salida del agua. Evidentemente, estas bebidas y estos sólidos deberán haber sido comprobados con ocasión de sesiones de larga duración. Por último, hay que saber que el contexto emocional de las pruebas y ciertas fragilidades digestivas afectan más a ciertos atletas que a otros. ¡Razón de más, si figura entre ellos, para aplicar al pie de la letra las consignas anteriores!

Leche y problemas digestivos

«Se oye decir algunas veces que el consumo de leche antes de un esfuerzo podría ocasionar problemas digestivos a algunos de nosotros. Incluso hay especialistas que recomiendan la exclusión total de este alimento. ¿Qué opina?»

La leche necesita una enzima particular para digerirla, la lactasa, que cada vez está menos presente en el organismo a medida que se envejece. Por tanto, es mejor preferir los yogures antes de una prueba, sobre todo de carrera, pues no hacen correr ningún riesgo de problema digestivo. Recordemos que la ingestión de productos lácteos es imperativa so pena de incurrir en una carencia de calcio altamente perjudicial.

Una bebida ideal en recuperación

En el pasado, algunos de los más ilustres campeones de ciclismo se convirtieron en los precursores de la leche, y Fausto Coppi fue uno de los más entusiastas al respecto, ya que ingería cerca de medio litro durante los minutos siguientes a las llegadas de etapa, con el fin, según pensaba, de mejorar su recuperación. El suministro simultáneo de hidratos de carbono «rápidos» y de proteínas de buena calidad, el carácter alcalino y la evidente riqueza en agua de la leche la colocan efectivamente en primera fila de los alimentos que se pueden suministrar en fase de recuperación, y todavía hoy, en la era del entrenamiento sofisticado y de la nutrición aplicada, la aportación de leche mezclada con glúcidos en índice elevado constituye uno de los preceptos más frecuentemente recomendados a los deportistas. Numerosos entrenadores de natación, particularmente en Australia, han instaurado esta medida en fase de inmediata recuperación.

Es mejor privilegiar los yogures antes de una prueba

Esta bebida no goza, sin embargo, del aprecio unánime en todos los deportes, especialmente en la carrera a pie, donde cuenta con numerosos detractores. Esta disciplina se caracteriza por la onda de choque, que aparece en cada impacto del pie sobre el suelo, y que repercute en el conjunto de los órganos. Esta actividad se distingue también por una tasa récord de problemas digestivos en el esfuerzo. Si la responsabilidad de los fenómenos mecánicos (la hinchazón de los órganos) no escapa a nadie, la posible intervención de otros factores, en particular de orden alimentario, se ha citado cada vez con más fuerza. Entre los alimentos susceptibles de favorecer la génesis de estos problemas figura la leche. Tal como indican las estadísticas, una gran proporción de ciertas poblaciones sufre de intolerancia a la lactosa, lo cual significa que estos sujetos deben contentarse con cantidades modestas de leche, estando pendientes de la amenaza del riesgo de diarrea. Combinada con la hinchazón de las vísceras y con el estrés, la fermentación de la lactosa mal asimilada puede precipitar la aparición de problemas intestinales. Esto ha impulsado a los gastroenterólogos consultados a recomendar a los individuos clasificados dentro del grupo «de riesgo» la abstinencia de leche y de lactosa 24 horas antes de una prueba. Pero esta preocupación no justifica absolutamente que se recomiende de manera sistemática y universal la supresión de todos los productos lácteos (en el caso de los yogures este consejo no tiene sentido alguno, ya que la actividad lactásica de la flora presente en estos productos elimina todo riesgo de problema digestivo). Una gestión de este tipo conduciría a corto plazo, tal como lo hemos podido apreciar, a la multiplicación de los casos de carencia de calcio.